MYTHOLOGY & RELIGION

신화와 종교

궁극적 질문과 미완의 답변

임창건 지음

신아사

신화와 종교

머리말

신화와 종교는 왜 존재하는가? 또한 그것이 과학과 이성의 시대를 살아가는 우리에게 왜 필요한가? 이 같은 질문에서 본서를 시작하기로 하자. 큰 틀에서 보면 본서는 이 같은 질문에 대한 답변을 염두에 대고 집필되었다.

신화와 종교는 아주 먼 옛날 인간이 자신이 처한 한계상황에서 던진 궁극적 질문과 이에 대한 응답에서 시작되었다고 본다. 2600년 전에 부처는 인간은 왜 생로병사의 굴레에서 끝없이 고통을 받을 수 밖에 없는가라는 질문을 하였다. 그에 대한 답변을 찾기 위해 왕자의 삶을 버리고 고행자의 삶을 택하였고, 결국 그 답변을 스스로 찾았다. 그 답변이 불교라는 종교를 낳았다. 또한 그리스 로마인들은 세상이 어떻게 탄생하였으며, 그들의 역사가 어떻게 시작되었고, 문화의 기원은 어디에 있는가, 그들의 운명은 어떻게 결정되는가를 질문하였다. 이 같은 질문에 대한 그들의 답변이 그리스 로마 신화를 낳았다.

이 같은 질문에 대한 답은 역사와 세속적 상황 속에서 논리로 추론될 수 있는 성격이 아니며, 역사나 세속적 실존을 초월한 영역에서 단지 상상되어질 뿐이다. 역사나 현실은 역사의 기원과 현실의 의미를 설명할 수 없다. 우주의 기원과 역사의 시작, 생명의 근원과 죽음 이후의 세계에 대한 질문은 역사와 현실과 전혀 다른 차원에서의 답변을 요구하는 궁극적 질문들이다. 실증적 논리를 근거로 하는 과학과 이성의 패러다임은 이 같은 질문을 허락할 수 없고, 물론 그 답변은 더더욱 불가능하다. 이 같은 궁극적 질문은 신화와 종교의 영역에서 발생한다. 그리고 그 답변 역시 신화와 종교의 영역에서만 가능하다. 비록 그것이 미완의 답변일지라도.

본서는 교양과목으로 개설되는 〈신화와 종교〉 과목을 위한 교재로 개발되었기 때문에 종교와 신화에 대하여 전문적인 지식이 없는 일반 학생들을 염두에 두고 집필되었다. 또한 토론식으로 진행되는 본 강좌의 특성상, 학생들의 질문과 그 질문에 대한 답변의 형식을 통해서 구성되었다. 궁극적 질문과 미완의 답변이 신화와 종교의 본질이라는 점을 염두에 둔다면, 신화와 종교에 관련된 교재 역시 질문과 답변의 형식을 띠는 것이 적절하다고 본다.

본서는 여섯 개의 주제로 구성되었다. 필자는 이것을 "여섯 개의 고개"라고 부르고 싶다. 신화와 종교의 바다에 도달하기 위해 넘어야 하는 여섯 개의 고개인 셈이다. 첫째 고개에서는 신화, 종교, 주술, 전설, 상징 등 기본 개념의 습득에 역점을 주었다. 둘째 고개는 다양한 종교 체험을 분석하고 신화 및 종교의 특징을 익히는 데 주안점을 두었다. 셋째 고개는 엘리아데의 신화 상징이론을, 넷째 고개는 조셉 캠벨의 "영웅의 모험"에 대하여, 다섯째 고개는 칼 융의 정식분석학과 신화를 개괄하며, 마지막 고개는 "현대인과 신화"란 제목으로 현대사회속의 신화의 의미를 탐색해 보았다. 부록으로 〈야곱의 사다리에 숨겨진 신화적 상징과 신학적 담론〉을 실었다. 이는 거룩한 공간에 대한 한 개인의 종교적 체험이 유대민족의 신화, 종교, 역사를 통해서 어떻게 상호관계하면서 발전하는 가를 분석한 필자의 논문이다. 이 논문은 1장에 포함된 역사, 신화, 종교의 상호관계, 3장에 포함된 "거룩한 공간"의 주제와 관련하여 보다 심층적인 답변을 원하는 학생들을 위한 보충 자료의 성격을 띤다.

2017년 1월

임창건

목 차

M Y T H O L O G Y & R E L I G I O N

첫째 고개

신화, 종교, 전설, 주술

질문1: 신화는 무엇입니까?

신화가 무엇인가라는 질문에 한 문장으로 답하기는 쉽지 않습니다. 신화는 아주 포괄적인 의미를 담고 있기 때문입니다. 하지만 신화와 역사, 신화와 과학, 신화와 현실처럼 대립되는 한 쌍의 개념을 비교해 보면, 신화의 특징이 보다 잘 드러날 것입니다.

이같이 어떤 현상을 대립되는 한 쌍으로 설명하는 방식을 구조주의 학자들은 이항대립구조(binary system)라고 합니다. 빛이 무엇이냐고 누군가가 물어본다면 어둠이 무엇이냐를 머리에 떠올리면 보다 쉽게 답할 수 있는 것과 같은 이치입니다. 저는 신화/역사라는 이항대립구조를 통해서 신화란 무엇이냐를 설명하고 싶습니다.

사실, 역사란 무엇인가를 잘 알지 못하면, 신화의 특징을 잘 알기 힘듭니다. 신화란 역사가 시작되기 이전의 이야기, 초역사적인 이야기, 역사의 기원에 관한 이야기, 혹은 역사의 시작과 종말에 관련된 이야기로 볼 수도 있기 때문입니다. 역사는 인간에게 실제로 일어났던 일입니다. 신화는 실제로 일어난 일이 아니기 때문에, 역사적 사실이 아닙니다. 그럼에도 불구하고 어떤 민족이나 나라의 역사가 어떻게 시작되었는가를 말해 줍니다. 여러분의 역사는 언제나 그 기원을 가지고 있습니다. 그러나 역사의 기원 그 자체는 신화 속에 가려져 있습니다. 단군신화는 역사가 아닙니다. 하지만 단군신화가 없다면, 한국인의 고대 역사가 어떻게 시작되었는지 설명 할 수 없습니다. 인간은 주어진 상황에 의미를 부여하지 않으면, 방향과 목적을 상실하게 됩니다. 역사의 기원을 설명한다는 것은 역사의 의미를 설명하는 것과 같습니다. 역사는 시간 속에서 시작과 과정과 종말을 관통하는 직선적 시간의 형태를 지니고 있습니다. 우리가 경험하고 있는 현재 진행형의 역사는 역사의 기원이라는 뿌리와 연결되어 있습니다. 그런데 역사의 기원은 신화 속에 감추어져 있습니다. 로제 카이유와는 신화가 지닌 역설적 시간개념을 이렇게 설명합니다.

> 포춘(Fortune) 박사에게 있어서 이 신화시대란 '존재가 본질에 도달했으며 또 자연의 역사가 시작되었던' 시대이다. 그 시대는 생성의 '시초'에, 동시에 그 '외부'에 위치한다. 따라서 엘킨(M. Elkin)은 그 시대가 과거일 뿐만 아니라 현재나 미래이기도 하다고 지적한다. "그것은 하나의 기간인 동시에 하나의 상태이다"라고 그는 명확하게 쓰고 있다. (〈인간과 성〉 154)

신화는 인류학자 프레이저, 사회학자 뒤르켐 등 현대의 석학들에 의해 다양한 방식으로 정의 되었습니다.

> 프레이저는 자연계를 설명하려는 원초적인 서툰 노력이라고 했고, 뮐러는 후세에 오인되고 있는, 선사 시대로부터의 시적 환상의 산물이라고 했으며, 뒤르켐 Durkheim은 개인을 집단에 귀속시키기 위한 비유적인 가르침의 보고(寶庫)라고 했고, 융은 인간의 심성 깊은 곳에 내재한 원형적 충동의 징후인 집단의 꿈이라고 했으며, 쿠마라스와미는 인간의 심오한 형이상학적 통찰을 담은 전통적인 그릇이라고 했고, 교회에서는 하느님 백성에 대한 하느님의 계시라고 정의했다. 갖가지 판단은 판단자의 견해에 따라 결정된다. 신화가 무엇이냐는 관점이 아니라, 신화가 어떻게 기능하고 과거에 어떻게 인간에 봉사해 왔으며, 오늘날 어떤 의미를 갖느냐는 관점에서 검토해 보면, 신화는, 삶 자체가 개인, 종족, 시대의 강박 관념과 요구에 대해 부응하듯이,

> 신화 자체도 그에 부응할 것으로 비친다. (〈천의 얼굴을 가진 영웅〉 478)

이런 점에서 각 나라의 역사는 창조신화를 그 안에 담고 있습니다. 또한 창조신화는 대표적인 신화로 볼 수 있습니다. 神話라는 말은 신들의 이야기라는 한자의 의미를 담고 있습니다. 역사는 인간의 이야기로 볼 수 있겠지요. 하지만, 신들의 이야기가 인간의 이야기를 언제나 선행합니다. 창조신화는 인간이 어떻게 탄생되었는가를 이야기 해주기 때문입니다. 또한 신화는 역사에 선행할 뿐만 아니라, 역사와 함께 하기도 합니다. 그렇다고 해서 역사 안에 신화가 위치한다는 것은 아닙니다. 그리스 로마신화, 단군신화, 불교나 기독교의 신화 등은 인간이 어떻게 살아야 하는가에 대한 표준을 제공하기도 합니다. 엘리아데는 신화적 시간과 역사적 시간을 비교하며, 신화적 시간을 "대시간"이라고 불렀습니다.

> 진정한 역사는 모든 존재와 우주적 사건의 진정한 근원인 대시간, 신화적 시간을 인드라에게 밝혀준다. 인드라가 자신의 오만과 무지로부터 치유된 것은 역사적으로 조건 지어진 자신의 "상황"을 초월하여 세속의 시간, 즉 자신의 "역사"에 의해서 만들어진 환상의 베일을 찢어버릴 수 있었기 때문이다. 기독교적으로 표현한다면, 그는 "구원"된 셈이다. 신화가 가지는 이러한 구제적 기능은 인드라에게만 작용하는 것이 아니라, 그의 모험 이야기를 듣는 인간 모두에게도 작용한다. 세속의 시간을 초월하여 신화적 대시간을 재발견한다는 것은 궁극적 실재의 계시와 같은 가치를 지닌다. 엄밀하게 형이상학적인 이 실재는 신화와 상징을 통해서가 아니면 접근할 방도가 없다. (〈이미지와 상징〉 73)

신화 속에 등장하는 영웅들의 삶은 수천 년의 역사를 거치면서도 불변하는 삶의 표준과 모범을 제시합니다. 확실한 롤 모델을 가진 사람과 그렇지 않은 사람의 삶은 분명히 구별됩니다. 롤 모델을 가진 사람은 인생에서 시행착오를 최소화할 수 있고, 삶의 에너지를 보다 긍정적이고 창조적인 삶에 집중할 수 있지요. 신화는 모든 인류에게 가장 원형적이며 보편적인 롤 모델을 제공합니다. 신화의 영웅은 시대와 장소와 인종을 넘어서는 초역사적인 존재이기 때문입니다.

따라서 신화와 역사는 구별되지만, 상호 관계합니다. 신화는 역사적 현실을 살아가는 인간에게 역사의 기원과 원형적 삶의 모델을 제시함으로써 역사에 영향을 미칩니다. 반대로 역사가 신화에 영향을 미치기도 합니다. 신화는 원래 문자가 없는 시대에서부터 구전의 형태로 전해지다가, 문자가 개발되면서 문자의 형태로 고정됩니다. 구전문화의 형태로 전해지는 신화는 신화를 이야기하는 사람이 처한 역사적 상황과 조건에 따라, 내용의 일부가 삭제되는가 하면, 새로운 내용이 첨가되기도 합니다. 신화는 역사에 영향을 미치고 역으로 역사 또한 신화에 영향을 미칩니다. 현재 우리에게 전해지는 신화는 수천 년의 첨삭과정을 통해 살아남은 것입니다. 보편성과 역사의 상식을 확보하지 않으면, 신화는 역사 속에서 살아남을 수 없지요.

질문2: 신화와 종교는 어떻게 구별됩니까?

21세기를 사는 현대인에게 그리스 로마 신화는 종교와 아무런 관련이 없는 것처럼 보입니다. 하지만 그리스를 실제로 방문해 보면 아테네 신전 등 수 많은 신전들이 남아있고, 그들의 박물관에는 실제 종교의식을 드린 제구들이 발견됩니다. 강화도의 참성단에도 아직까지 단군에게 제사를 드린 흔적이 남아있지요. 이런 점에서 볼 때, 신화는 그 당시 그 지역의 사람들에게는 종교였습니다. 지금 우리는 그리스 로마 신화를 성경이나 불경처럼 신앙의 경전으로 간주하지 않습니다. 신화 속에 본래 있었던 신앙의 형식이 제거된 상태로 읽기 때문입니다. 모든 신화가 신들의 창조신화를 포함하고 있다는 점에서, 모든 신화는 그 당시의 사람들에게 곧 종교였습니다. 그래서 신화는 죽은 종교이며, 종교는 살아 있는 신화라고 말합니다.

질문3: 종교의 본질은 무엇입니까?

종교를 살아 있는 신화라고 한다면, 종교는 신화가 가진 모든 요소를 포함하고 있는 동시에, 그 안에 신앙의 형식과 내용을 담고 있어야 합니다. 따라서 종교라는 개념은 언제나 "신앙"이라는 개념과 연결되어 있으며, 신앙은 믿는 대상과 연결되어 있습니다.

종교라는 의미는 아주 포괄적이기 때문에 그 개념을 단순하게 규정하기 힘들지만, 모든 종교가 가진 특징들을 열거해 보면, 보다 쉽게 종교의 의미에 접근할 수 있겠지요. 먼저, 종교에는 믿음의 대상이 있어야 합니다. 일반적으로 믿음의 대상은 신과 같은 초월적 존재이지요. 유대교, 기독교, 이슬람교 처럼 유일신을 가진 종교는 믿음의 대상이 아주 분명하게 규정되어 있습니다. 또는 힌두교나 일본의 신도와 같은 종교에는 다수의 신이 등장합니다. 다신교라고 말하지요. 또는 어떤 특정 동물이나 식물을 영물로 간주하여, 초월적 지위를 부여하고 거기에 경배하거나 종교의식을 수행한다면, 그것 역시 원시적이지만 신앙의 형식을 가지고 있다고 볼 수 있습니다. 유교와 같이 조상의 영령이 신적 지위를 갖고 후손들의 길흉화복에 영향을 미친다고 믿고, 그들에게 제사를 드리는 종교도 있습니다. 또한 불교와 같은 종교는 어떤 신을 믿기 보다는 윤회로부터의 해탈을 체험했다는 부처의 불법 그 자체가 믿음의 대상이 되어 결국 자기 자신도 부처처럼 해탈의 존재가 될 수 있다고 믿는 종교도 있습니다.

종교의 형태와 종류는 헤아릴 수 없이 많을 뿐만 아니라, 종교의 핵심을 구성하는 신앙은 극도로 개별적이고도 주관적인 신념과 행위로 구성되어 있기 때문에 모든 종교에 공통적으로 적용되는 개념이 무엇이냐는 질문에 답하기는 거의 불가능할 지경입니다.

그럼에도 불구하고 몇 가지 공통점은 있습니다. 첫째, 모든 종교는 교리를 가지고 있습니다. 둘째, 모든 종교는 종교의식이 있습니다. 셋째, 모든 종교는 교리와 종교의식을 공유하는 집단이 있습니다. 넷째,

모든 종교는 세속적 존재와 구별되는 초월적인 대상과 관계를 맺습니다. 다섯째, 모든 종교는 세계관과 우주론을 포함하고 있습니다. 여섯째, 모든 종교는 현세의 고통에서 신도를 해방시켜 주는 구원론을 가지고 있습니다.

질문4: 종교와 주술은 어떻게 다릅니까?

먼저 종교와 주술(magic)의 공통점을 살펴보겠습니다. 종교와 주술은 초월적이고 초자연적인 힘과 관련이 있다는데 공통점이 있습니다. 하지만 이 둘은 초자연적인 대상과 관계하는 방식과 그 힘을 활용하는 목적에서 분명한 차이점이 있습니다. 종교는 거룩한 존재와 관계하는 방식에 있어서, 한 개인이 거룩한 대상에 동화되어가는 형식으로 관계합니다. 예를 들어, 성철스님과 같은 종교인은 부처의 가르침에 따라 아주 금욕적인 생활을 하고, 결국에는 욕망으로부터 차츰 멀어지며, 부처라는 인물의 인격에 동화되고 닮아가지요. 성 프란시스와 같은 종교인 역시 욕망과 죄로부터 자신을 멀리하고, 그리스도의 복음이 지향하는 사랑, 정의, 평화를 삶속에 구현함으로써, 기독교의 신이라 할 수 있는 예수의 인격과 삶에 동화되어 갑니다.

하지만, 주술은 초월적 존재와 관계하는 방식과 초자연적인 힘을 활용하는 목적에서 종교와 정반대가 됩니다. 주술은 한 마디로, 초자연적인 힘을 한 개인의 이득을 위해서 사용하는 변질된 형태의 종교라고 볼 수 있습니다. 종교인은 자신의 욕망을 제어함으로써 거룩한 인격과 힘에 동화되어 가는 반면에, 주술인은 자신의 욕망을 극대화시키기 위해서 초자연적인 힘을 조정합니다. 주술에서는 거룩한 대상의 인격을 닮아간다는 종교적 열망은 처음부터 없습니다. 단지 자신의 욕망 충족이라는 목적을 위해 초자연적인 힘을 도구로 사용할 뿐입니다. 하지만, 종교와 주술은 이론처럼 쉽게 구별되지 않는 경우가 종종 있습니다. 종교에는 언제나 주술적 요소가 들어있기 마련이기 때문입니다. 자신의 자식이 명문대학교에 입학하게 해달라고 교회나 사찰에서 백일 기도를 하는 행위는 종교행위입니까 아니면 주술적 행위입니까? 그 행위는 종교적 의식을 갖추지만, 주술적 요소를 포함하고 있는 종교행위라고 볼 수 있습니다.

질문5: 신화와 전설은 어떻게 구별됩니까?

전설은 여러 가지 면에서 신화와 유사합니다. 우선 입에서 입으로 구전되어 온다는 점에서 그렇고, 역사적 사실이 아니라는 점, 초자연적 현상이나 귀신과 같은 초월적 존재가 언급된다는 점에도 그렇습니다. 하지만 대체로 전설은 특정 지역과 특정 시기에 제한되는 경향이 있습니다. 전설은 어느 마을에서 전해 내려오르는 이야기, 혹은 어느 여고에서 전해지는 이야기 등으로 시작하는 경우가 많이 있지요. 즉, 신화는 시대와 장소를 초월하는 보편적 주제를 담고 있는데 비해, 전설은 특정 지역, 특정 시기, 특정 사건을 다루는 경우가 많아 보편성을 띤 신화와는 확연히 차이가 날 뿐만 아니라 종교적 양식을 갖지 않습니다.

질문6: 소위 이단종교와 정통종교의 차이점은 무엇입니까?

정통종교와 이단을 구별하는 것은 그리 쉽지 않습니다. 과학이나 역사와 달리, 종교의 영역은 한 개인의 초월적인 경험을 바탕으로 시작됩니다. 그것은 실험실에서 증명될 수 없기 때문에 그것이 진정한 종교적 체험인지 아닌지는 객관적인 방식으로 입증하기가 힘듭니다.

우리가 소위 정통종교라고 부르는 종교도 발생할 당시에는 기존의 종교로부터 이단이라는 낙인이 찍히기 쉽습니다. 기독교를 예를 들어 볼까요. 기독교의 교주라고 할 수 있는 예수를 메시아로 믿는 기독교 공동체는 당시의 지배적인 종교였던 유대교의 제사장과 종교지도자들에게는 유대교의 한 이단 분파로 간주되었습니다. 그러나 2000년을 지나면서, 유대교와 구별되는 독립적인 종교의 교리와 의식을 갖추고, 종교 집단이 형성되고 유지되면서 정통종교로 인정되었습니다.

1517년 95개 조의 면죄부에 대한 반박문을 비텐베르크 성벽에 게시하면서 시작된 루터의 종교개혁도 교황과 가톨릭으로부터 이단으로 낙인 찍혔습니다. 하지만 종교개혁이 성공하면서, 가톨릭보다 더 막강한 종교가 되었습니다. 어쩌면 부처가 최초로 불법을 가르쳤을 때, 그의 설법은 당시 인도의 정통종교였던 힌두교의 입장에서 보면, 이단으로 간주되었을 지도 모릅니다. 불교는 힌두교의 윤회설 등, 힌두교적 요소를 상당히 포함하고 있지만 부처만의 독특한 교리를 담고 있기 때문입니다. 기독교의 시각에서 보면 몰몬교나 퀘이커교도 이단이라고 할 수 있지만, 그들의 시각에서는 정통 종교로 간주될 수 있습니다.

새로운 종교가 시작될 때, 즉, 교리나 추종자 집단, 종교 의식이 제대로 수립되지 않았을 경우에 그 종교는 기존의 종교로부터 이단이라는 평가를 받기 쉽습니다. 하지만, 역사에 오랜 기간 동안 살아남아, 그 종교의 교리와 종교의식과 추종자 집단이 견고하게 형성될 때 그것은 더 이상 이단 종파라고 불리지 않고 정통 종교라는 지위를 획득하게 됩니다. 과학적 진실이나 역사적 사실로 증명될 수 없는 종교 현상은 정통과 이단을 명확하게 구별하기 힘들 때가 많이 있습니다. 따라서 이를 구분하는 방식은 오히려 세월의 검증을 통과한다든지, 그 종교가 가진 윤리성이나 사회적 기능 등의 기준으로 구별하는 것이 현실적입니다. 비상식적이거나 비윤리적인 종교는 결국 세월의 검증을 통과할 수 없습니다. 돌이켜 보면, 수 없이 많은 이단종파들이 역사 속에서 명멸하였습니다. 대부분은 교주의 사망과 함께 역사의 뒤안길로 사라졌습니다.

질문7: 신화나 종교에서는 수많은 상징과 이미지가 사용됩니다. 왜 역사나 과학에서 사용되는 논리적 언어를 사용하지 않습니까?

신화나 종교는 초월적 세계를 설명합니다. 이 세상이 존재하기 이전의 상태를 묘사하기도 하고, 천국과 지옥을 언급하기도 하며, 삶과 죽음의 굴레에서 해방된 해탈의 경지를 말하기도 합니다. 이런 주제는 우리에게 익숙한 어휘와 논리적 구조로 표현할 수 없지요. 하지만 종교적 세계, 영혼의 세계가 인간에게 실존한다는 사실을 부정할 수 있는 방법도 없지요. 존재하기는 하지만 이 지상의 논리나 어휘로 표현할 수 없기 때문에 신화는 상징과 이미지를 통해 그 메시지를 전합니다. 과학적 용어는 지시어와 지시대상이 일대일로 대응합니다. 그러나 상징은 상징과 상징이 지시하는 대상이 복합적이고 유연합니다. 동일한 상징일지라도 수용자에 따라 해석의 폭과 깊이가 다양하지요. 조셉 캠벨은 상징의 기능을 이렇게 설명합니다.

> 상징이란 의미 소통의 〈수레〉에 불과하다. 상징은, 그 언급하는 바의 궁극적인 의미, 즉 〈진리〉로 오해되어서는 안 된다. 아무리 매력적이고 또 인상적이라고 하더라도 상징이란 이해를 돕기 위한 편의적 수단에 지나지 않는다. 따라서 신의 성격, 혹은 일련의 성격(3원적이든, 2원적이든, 1원적이든, 다신론적이든, 유일신론적이든, 단신론적이든, 회화적이든, 언어적이든, 문서로 기록된 사실이든, 묵시적 환상이든)을 최종적인 의미로 읽거나 해석하려 해서

는 안 된다. 신학자들에게 있어서 중요한 것은, 상징을 투명하게 닦아 우리에게 오는 진리의 빛이 이에 가리지 않게 하는 일이다. (〈천의 얼굴을 가진 영웅〉 305)

조셉 캠벨의 말을 비유적으로 말하자면, 상징은 달이 아니라 달을 가리키는 손가락인 셈입니다.

그리스 로마신화에서 디오니소스는 제우스의 허벅지에서 탄생하였고, 아테네는 제우스의 머리에서 태어났다고 합니다. 허벅지와 머리가 상징하는 것이 무엇일까요? 허벅지는 인간의 육체적 정열을 의미할 수도 있고 충동이나 광기로 해석될 수도 있습니다. 반면에 머리는 인간의 지성, 지혜, 판단력으로 해석될 수 있지요. 디오니소스의 신은 술의 신이라는 점에서, 아테네는 지혜의 여신이라는 점에서 허벅지와 머리에서 이들이 태어났다는 것은 적절한 상징이 될 수 있습니다. 신화의 세계는 열린 해석을 가능하게 합니다. 상징은 언제나 해석의 다양한 가능성을 개방하기 때문입니다.

상징은 대상이나 행위에 새로운 가치를 덧붙이지만, 그렇다고 독자적인 직접적 가치를 침해하지는 않는다. 상징은 대상이나 행위에 적용되면서 이들을 "열어놓는다." 상징적 사고는 직접적 현실을 "폭발"시키면서도 축소시키거나 평가절하하지 않는다. 상징의 관점에서 볼 때, 우주는 닫혀 있지 않고, 어떤 대상도 고유의 실재성에서 고립되어 있지 않다. 모든 것은 상호 대응과 동화의 엄밀한 체계에 의해서 총체적으로 연관되어 있다. 원시 사회의 인간은 의미가 풍부한 "열려진 세계" 속에서 자신을 의식하고 있었다. (〈이미지와 상징〉 195)

일반적인 어휘의 논리로 설명이 불가능한 초월적인 대상에 대해 언급할 때, 혹은 해석의 폭과 깊이를 해석자에게 남겨둘 때, 종종 상징이나 이미지를 사용합니다. 그렇다고 해서 상징이나 이미지가 해석이 불가능하거나 암호처럼 수수께끼에 가득 차 있다는 말은 아닙니다. 상징이나 이미지도 엄연히 언어의 범주에 들어갑니다. 넓은 의미에서 언어라는 것은 화자(혹은 저자)와 청자(혹은 독자) 사이의 소통을 가능하게 해야 합니다. 상징이나 이미지를 통해서 그 메시지를 전한다는 점에서 이들 역시 언어의 범주에 포함된다고 볼 수 있습니다. 엘리아데는 이같은 상징과 이미지를 통해서 이루어지는 사유를 "상징적 사고"라고 부릅니다. 신화와 종교의 영역에서는 상징적 사고가 논리적 사고를 선행한다고 본 것입니다.

> 상징적 사고는 아이들, 시인, 정신착란증 환자만의 독점적 영역이 아니다. 상징적 사고는 인간 존재와 공존하며, 언어와 추론적 이성에 선행한다. 상징은 다른 인식 수단으로는 전혀 포착할 수 없는 현실의 어떤 심오한 양상들을 밝혀준다. 이미지, 상징, 신화는 마음이 아무렇게나 만들어놓은 창조물이 아니다. 이것들은 어떤 필요성에 응하고 있으며, 어떤 기능을 다하고 있다. 그 기능은 존재의 가장 내밀한 양상을 숨김없이 드러내주는 데에 있다. 따라서, 이미지, 상징, 신화에 대한 연구는 우리로 하여금 역사의 여러 조건과 아직 타협하지 않은 "생긴 그대로의 인간"을 한층 잘 이해 할 수 있게 해준다. (〈이미지와 상징〉 15)

따라서 상징에도 문법과 유사한 나름의 법칙이 있으며, 적절한 사용법이 있기 마련입니다. 사랑하는 사람에게 붉은 장미 대신에 흰 장미를 한 번 보내보세요. 상징도 나름의 문법이 있다는 사실을 깨닫게 될 것입니다.

이런 점에서 신화나 종교를 제대로 이해하기 위해서는 상징과 이미지의 문법이나 다양한 상징의 어휘를 알아야 합니다. 실제로 〈그림으로 보는 세계문화 상징사전〉이라는 책도 있습니다. 그래서 신화나 경전을 읽을 때는 상징과 이미지가 가득한 시를 읽는 방식이 어울립니다.

M Y T H O L O G Y & R E L I G I O N

둘째 고개

종교체험의 다양성과 종교의 특징

질문1: 종교에서는 거룩함, 혹은 성스러움이라는 말이 많이 강조됩니다. 도대체 성스러움이란 뜻이 무엇입니까?

제가 신화는 죽은 종교이며, 종교는 살아 있는 신화라고 말한 것을 기억합니다. 이 때 "살아 있다"는 말은 그 신화가 한 개인이나 집단에게 세계관과 우주론, 생사관, 궁극적 가치체계를 결정하는 신념체계, 혹은 신앙체계가 되었다는 말입니다. 종교는 신앙체계이며, 신화가 신앙체계로 수용되었을 때, 그 신화는 다른 여러 신화들과 구별되는 배타적인 지위를 획득합니다. 예를 들어, 독실한 기독교인에게 성경에 등장하는 창조 신화는 그리스 로마 신화의 그것과 구별되는 절대적 지위를 획득합니다. 그는 성경의 창조 신화만이 신앙의 근거가 될 뿐이지 다른 모든 신화는 그저 신화일 뿐입니다.

그렇다면, 어떻게 다수의 신화들 가운데서 유독 어떤 신화만이 배타적인 종교의 지위를 획득하게 될까요? 종교의 여러 가지 특징 중에서 가장 두드러진 것이 바로 "성스러움" 입니다. 종교에서 거룩함을 삭제해 버린다면, 그 종교는 신화가 되어 버립니다. 로제 카이유와는 종교생활이란 "인간과 성이 갖는 관계의 총체"라고 보았으며, 앙리 위베르는 종교의 개념을 "성을 관리하는 것이다"라고 까지 말하고 있습니다.

> 그것은 종교의 근본사상이다. 신화와 교리들은 각기 나름대로 성이란 범주의 내용을 분석하고 있으며, 제사의식들은 그 특성들을 이용하며, 종교적 도

덕성은 거기에서 파생하며, 성직자들은 그것을 결합시키며, 성전과 성소(聖所), 종교적 기념물들은 그것을 땅에 고정시키고 그 뿌리를 내리게 한다. 즉 종교란 성을 관리하는 것이다. (〈인간과 성〉 56)

제가 단군 신화 속에서 귀중한 메시지나 교훈을 읽어 낼 수 있다 하더라도, 단군신화는 나에게 종교적 의미를 갖지 못합니다. 거룩함이 없기 때문입니다. 진지한 종교인치고 거룩함이 무엇인지 모르는 자는 없을 것입니다. 종교의 본질이기 때문입니다.

하지만, 거룩함의 정의가 무엇이냐고 물어 본다면 그것을 쉽게 설명할 수 있는 사람은 아무도 없을 것입니다. 그래서 루돌프 오토와 같은 사람은 거룩함을 "언어로 표현할 수 없는" 초월적 체험이라는 애매한 말로 거룩함을 표현하고자 했습니다. 노자는 도(道)에 이름을 붙일 수 있다면 그것은 이미 도가 아니라고 말합니다. 여기에서 "도"라는 것은 서양의 거룩함과 유사한 의미로 사용되고 있습니다. 거룩함이란 이름 지을 수도, 말로 표현할 수 없다는 점을 강조하는 셈이지요. 사실, 이해 가능하고 파악할 수 있는 대상에만 이름을 부여할 수 있고 설명할 수 있는 것 아닙니까. 이에 대한 엘리아데의 설명을 들어봅시다.

거룩한 존재는 언제나 그 자신을 '자연적' 현실들과는 전적으로 다른 질서를 가진 현실로 나타낸다. 언어가 자연의 세계 혹은 인간의 세속적인 정신생활로부터 차용해 온 어휘들을 가지고 경외를 야기하는 신비(mysterium tremendum), 신위(majestas), 매혹적인 신비(mysterium fascinans) 등을 소박하게 표현하고 있는 것은 사실이다. 그러나 우리는 이 유추적인 어휘들이 전적으로 다른 것 (ganz andere)을 표현하는 것이 인간에게는 불가능하다는 사실에서 정확히 기인되고 있다는 사실을 안다. 인간의 자연적 경험을 넘어서는 모든 것을 언어는 그 경험에서 채택된 어휘들로써 지시하고자 하는 것이다. (〈성과 속〉 10)

신을 어떻게 설명할 수 있겠습니까? 마호메트가 동굴에서 알라신의 목소리를 들었다고 했을 때, 그 때의 느낌을 어떻게 표현할 수 있겠습니까? 대다수의 종교학자들은 거룩함이 종교의 본질이라고 동의합니다. 하지만 거룩함의 개념을 제대로 설명할 수 있는 자는 아무도 없습니다. 기껏해야 거룩함은 그 자체로 설명될 수 없으며, 세속적인 것과의 대비를 통해서만 그 특징을 드러낸다고 말할 수 있을 뿐입니다. 오토는 거룩함이 개념적으로 파악될 수 없는 이유를 다음과 같이 설명합니다.

어떤 것을 '성스러운' 것으로 인식하고 인정하는 일은 무엇보다도 종교적 영역에서만 일어나는 하나의 고유한 가치평가의 행위이다. 이 가치평가는 곧 다른 영역으로, 예를 들어 윤리로 파급되어 가지만 그 자체는 다른 영역으로부터 발생하는 것은 아니다. 그것은 하나의 전적으로 특이한 종류의 요소를 지니고 있는 것으로서, 이 요소는 위에 말한 뜻에서의 합리적인 것을 벗어나며 개념적 파악으로는 전혀 접근할 수 없는 하나의 불가언적(arrēton)인 것이다. (〈성스러움의 의미〉 37)

거룩함의 의미를 탐구한 종교학자 중에서 가장 널리 알려진 사람은 루돌프 오토라는 분인데, 이 분은 〈성스러움의 의미〉라는 책을 통해서 거룩함은 개념적으로 설명하는 것이 불가능하며, 오로지 거룩함의 현상이나 체험을 통해서만 거룩함의 특징에 접근할 수 있다고 보았습니다. 개념이라는 것은 인간의 이성으로 포착할 수 있는 대상에게 주로 적용되는데, 거룩함은 인간의 논리적 구조를 넘어서는 대상이기 때문입니다. 오토는 다양한 거룩함의 현상에 대해서 열거하면서, 거룩함의 특징을 가장 잘 나타내는 말로서, 거룩함을 "창조주 앞에 선 피조물적 감정"이라고 표현하기도 하였습니다. 그는 그때 느끼는 감정을 이렇게 설명합니다.

> 이 감정내용을 통해서 '초세상적'과 '초자연적'이라는 말들은 갑자기 하나의 독특하고 '전혀 다른' 실재 및 그 성격에 대한 지칭으로 되게 된다. 이 실재의 특이성에 대하여 우리는 어떤 것을 느낄 수는 있으나 그것을 개념적으로 분명히 표현할 수는 없는 것이다. 신비주의에서 말하는 '저 너머'(epekeina, beyond)라는것도 역시 모든 종교에 이미 존재하고 있는 비합리적 요소가 극도의 긴장상태를 이룬 것을 의미한다. 신비주의는 '전혀 다른 것'으로서의 누멘적 대상을 우리의 일상적 경험과 극단적으로 대립시키되, 단순히 자연적이고 세상적인 모든 것과의 대립으로 만족하지 않고 급기야 '존재' 혹은 '존재자' 자체와 대립시킨다. 결국 신비주의는 그것을 '무'(無)라고 부른다. (〈성스러움의 의미〉 71)

거룩함이라는 주제는 수많은 종교학자들의 관심을 모았는데, 이 주제는 종교의 정체성과 본질을 구성하며, 다른 학문과 구별되는 종교학의 독특한 영역으로 간주될 수 있기 때문입니다. 제가 개인적으로 가장 깊은 감명을 받은 미르치아 엘리아데의 〈성과 속〉, 그리고 유명한 프랑스의 종교학자 로제 카이유와의 〈인간과 성〉도 그 주제의 초점은 언제나 거룩함입니다.

거룩함의 특징을 가장 쉽게 이해하는 방식은 세속적인 것과 반대가 된다는 것이라고 이해하는 것입니다. 그리고 난 다음 세속적인 것의 특징을 곰곰이 생각하고, 그 반대의 특징을 생각해 보는 것입니다. 세속적인 것은 아주 친숙하고, 역사적이며 현실적이기 때문에 설명이 가능합니다. 오염되어 있으며, 불완전하며, 유한하며, 소멸되며, 타락시키며, 제한된 수명을 가지고 있으며, 변하기 쉬운 것 등이 세속적인 것의 특징입니다. 그 반대에 있는 것의 특징을 살펴보면, 영원히 순결하며, 완전하며, 무한하며, 영원한 생명이 있으며, 정화시키며, 무한한 생명력을 가지고 있다는 것입니다. 이러한 것들이 거룩함의 특징입니다.

종합하면 거룩함은 신의 속성이라고 볼 수 있습니다. 거룩함의 특징을 논할 때, 가장 흥미로운 점은 세속적인 것과 거룩함과의 관계입니다. 거룩함은 그 자체의 속성으로 완전하고 자기 충족적이며 독립적이지만 세속적인 것, 혹은 세속성은 그렇지 못합니다. 세속적인 것은 조건적이고, 의존적이며, 파생적일 뿐만 아니라, 그 생명력이 소진되며, 결국에는 소멸됩니다. 바로 그러한 이유 때문에 세속적인 것은 그 자체로 존재할 수 없고, 거룩한 것과의 관계를 통해서 존재하고 유지될 수 있다고 종교학자들은 이야기 합니다. 거룩한 것은 자류적(自類的)이며 자기 충족적인데 비해 세속적인 것은 자체의 기원을 자기 안에 갖고 있지 못합니다. "자류적"이라는 독특한 개념을 통해 성스러움을 설명하고자 했던 오토의 이야기를 귀담아 들을 필요가 있습니다.

> 이 범주는 전적으로 자류적(自類的, suigeneris)이기 때문에 다른 모든 근원적이고 원초적인 소여와 마찬가지로 구명은 될 수 있으나 엄밀한 의미에서 정의는 될 수 없는 것이다. 우리가 듣는 이로 하여금 그것을 이해하도록 돕는 유일한 방법은 우리의 구명을 통하여 그 자신 안에서 누멘적인 것이 자

극을 받아 살아 움직이고 의식될 때까지 그를 이끌어 주려고 시도하는 일뿐이다. 우리는 이 방법을 사용함에 있어서 우리에게 이미 알려져 있고 친숙한 마음의 영역들에서 발견되는, 누멘적인 것과 유사하거나 혹은 아주 대조적인 것들을 제시함으로써 도움을 얻을 수 있을 것이다. (〈성스러움의 의미〉 39)

종교학자들은 세속적인 역사의 기원이 신화 속에 감추어져 있고, 신화에 의존하듯이, 세속적인 것의 기원은 거룩함에 있다고 주장합니다. 신이 인간을 창조했다고 믿는 것은 인간이 인간을 스스로 창조할 능력이 없다는 것을 믿는 것입니다. 즉, 거룩함의 가장 중요한 힘 중의 하나는 무에서 유를 창조하는 생명 창조의 힘이라고 합니다. 이런 점에서 세속적인 존재는 그 탄생 자체를 거룩함에 의존할 수밖에 없는 존재입니다. 거룩함의 특징은 세속적인 존재를 창조하는 것으로 그치지 않습니다.

세속적인 존재는 끊임없이 오염되고 소멸되는 존재이기 때문에, 거룩한 존재에 의해 창조된 것으로 끝나는 것이 아니라, 오염된 것을 정화시키고, 소멸로부터 갱생하기 위해서 거룩한 것과의 지속적인 관계가 요구됩니다. 문제가 되는 것은 세속적인 존재의 유지와 보전을 위해 거룩한 것과 어떻게 관계하느냐의 문제입니다. 종교의식은 거룩한 존재와의 관계 방식에 집중합니다. 제사, 예불의식, 예배, 기도, 성찬식 등은 거룩한 존재와의 관계 방식을 이야기 합니다.

종교의식에는 지극한 주의가 요구됩니다. 왜냐하면, 거룩한 것은 그 자체의 본질상 엄청난 에너지와 동시에 완전한 순결성을 가지고 있기 때문입니다. 세속적인 존재가 필요로 하는 것은 거룩함의 에너지입니다. 그 에너지는 생명 창조의 에너지일 뿐만 아니라, 피조물의 생명의 유지, 재생과 축복의 에너지이기 때문입니다. 하지만 거기에 접근하고 거룩한 힘을 수용하는 방식은 각 종교마다 엄격하게 규제됩니다. 왜냐하면 거룩함의 에너지는 잘못 접근하는 자에게는 재앙과 파멸을 불러 올 수 있는 위험한 에너지인 동시에 쉽게 방전될 수 있는 귀한 에너지이기 때문입니다. 카이유와는 거룩함과 세속성의 관계가 지닌 위험성을 이렇게 이야기 합니다.

> 그러므로 속은 그 스스로를 위해서 성과 친숙해지는 것을 경계해야 하는데, 성의 전염이 그 효과적인 면뿐만 아니라 그 신속함에 있어서도 전격적인 만큼 그 성을 가까이 한다는 것은 더욱 더 치명적이기 때문이다. 신성화된 인간이나 사물이 지니고 있는 힘은 언제나 밖으로 퍼질, 즉 액체처럼 빠져나가고 전기처럼 방전(放電)될 준비가 되어 있다. 그러므로 속의 모든 타격으로부터 성을 지키는 것 또한 필요한 일이다. 사실상 이러한 타격은 성의 존재를 변질시키고 그 고유한 특성을 잃게 하며 그것이 지니고 있던 강력하고도 순간적인 덕성을 단번에 일소시키고 만다. 바로 그런 이유로 사람들은 신성화된 장소로부터 속에 속한 모든 것을 격리시킨다. 오직 사제만이 성소(聖所)에 들어갈 수 있다. (〈인간과 성〉 24-25)

거룩한 존재의 에너지는 순결함과 결합되어 있기 때문에, 자신을 오염시키는 그 어떤 접근도 허락하지 않습니다. 따라서 종교의식은 거룩함에 접근하되 거룩함을 오염시키지 않는 접근 방식을 취해야만 합니다. 세속적인 존재가 거룩한 존재에 다가가기 위해서는 자신의 존재를 먼저 정화시키지 않으면 안 됩니다. 한양에 과거를 보러간 아들의 급제를 위해, 그 어머니가 목욕재계하고 흰옷을 입고 정화수를 떠놓고 천지신명에게 기도한다고 했을 때, 목욕재계, 흰옷, 정화수 등은 거룩함에 접근하는 세속적인 존재의 준비라고 할 수 있습니다.

육체적인 오염을 정화시키는 방식으로 목욕이나, 음식이나 성 행위의 절제 등은 가장 보편적인 방식입니다. 이와 함께, 각 종교는 거룩한 것과 관계하거나 이에 접근할 때 금해야 할 목록을 교리로 규정합니다. 이것을 타부라고 하지요. 타부는 금기라고 번역이 되기도 하는데, 이것의 본래의 의미는 거룩한 것에 잘못 접근할 때 입게 될 지도 모르는 재앙을 미리 예방하기 위한 종교적 전략이라고 볼 수 있지요.

유대교, 기독교, 이슬람과 같은 일신교에서는 유난히도 거룩함이 강조됩니다. 이 같은 종교에서는 거룩한 힘이 단 하나의 신에게 집중되어 있기 때문입니다. 다신교는 거룩한 존재가 분산되어 있고, 상대화되어 있기 때문에 일신교보다 거룩함의 강조가 덜합니다. 또한 일신교를 가진 민족은 종교분쟁 이나 전쟁에 쉽게 노출됩니다. 이들은 자신의 신만이 유일한 신이며, 그가 배타적으로 거룩함을 독점하고 있다고 믿기 때문입니다. 나의 신만이 유일하게 거룩하다면, 그 외의 신은 세속적인 신, 최악의 경우에는 악마로 간주되기 쉽습니다. 현재 중동지역에서 시작되어 미국과 유럽에까지 영향을 미치는 아랍민족과 유대민족 간 분쟁의 배후에는 일신교가 가진 배타적 종교의식이 자리하고 있습니다.

질문2: 거룩함이라는 말이 신과 관계된 개념이라면, 불교나 도교에는 거룩함의 개념이 없습니까?

거룩함은 종교의 보편적 현상이기 때문에, 동, 서양, 과거와 현재를 가리지 않고 모든 종교에서 발견됩니다. 불교, 혹은 도교에서도 거룩함의 개념은 존재합니다. 제가 보기에는 도교의 경우에 있어서, 도(道)의 개념이 루돌프 오토가 설명하는 거룩함의 개념과 아주 유사하다고 생각합니다. 이 둘을 비교해 볼 까요? 먼저, 도 역시 거룩함과 마찬가지로 말로 표현할 수 없는 것입니다.

> "도는 들을 수가 없는 것이니, 들을 수 있다면 도가 아니다. 도는 볼 수가 없는 것이니, 볼 수 있는 것은 도가 아니다. 도는 말로 표현할 수 없는 것이니, 말로 표현할 수 있다면 도가 아니다. 도는 형체 있는 것을 형체 지니게 하면서도 형체가 없는 것임을 아는가?"(지북유)라고 하였다. (〈도가철학 개론〉 34)

또한, 도 역시 거룩함과 마찬가지로 자류적이며, 모든 것의 창조근원입니다. 루돌프 오토가 말하는 성스러운 존재, 곧 기독교의 하나님과 유사한 기능과 특징을 가지고 있습니다.

> 그리고 장자는 "(도는) 그 스스로 존재의 근거를 지니고 있으며, 천지가 생겨나기 이전부터 이미 존재해 왔다. 그것은 귀신이나 하느님을 신령스럽게 해주고, 만물을 생겨나게 하였다"(《장자》 대종사)고 했다. 그는 노자의 도를 받아들여 도는 형체가 없어서 눈으로 볼 수 없지만 실재하는 것으로서 우주

만물의 근원이라고 하였다. 도는 우리의 감각적 인식을 초월한 것이지만, 다른 것에 의지함이 없이 스스로 영원히 존재하며, 하려고 하는 의지도 없이 우주 만물을 생성 변화시키는 근원적 존재라는 것이다. (《도가철학 개론》 32)

질문3: 한국의 불교는 중국으로부터 유래하였다고 합니다. 그리고 중국의 불교는 인도에서 유래하였지요. 그렇다면, 중국의 불교와 인도의 불교는 어떻게 다릅니까?

부처님은 인도사람이었습니다. 원래 불교는 힌두교를 근간으로 하는 인도의 종교문화를 배경으로 탄생한 종교입니다. 또 하나의 특이한 사실은 불교는 인도에서 시작되었지만, 더 이상 인도의 주된 종교가 아니라는 것입니다. 인도의 주된 종교는 아시다시피 힌두교입니다. 힌두교는 불교의 탄생과 발전과 몰락을 목격한 종교인 셈이지요. 아소카왕이 불교를 발전시키고 불교를 중국과 남방지역에 포교하여, 한때 잠시 불교가 융성하기는 하였지만, 불교의 본거지는 중국, 티베트, 태국, 한국, 일본이 되었습니다. 아시아의 종교는 인도에서 중국을 통해 전달되었는데, 인도의 불교가 중국의 문화를 통과하면서 일종의 문화적 번역의 과정을 겪게 됩니다.

> 또한 도가는 불교가 전래되어 수용되는 과정에서 불교에도 큰 영향을 미쳤다. 즉 인도에서 불경이 들어왔을 때 도가사상가들이 불경의 번역에 참여함으로써 도가사상이 불교에 침투되었는데 특히 그 후 일어난 중국불교를 대표하는 선종에 큰 영향을 미쳤다. 도가는 이미 선진시대 순자의 철학에도 영향을 미쳤을 뿐만 아니라 불교와 함께 송대에 일어난 신유학의 창시자라 할 수 있는 주돈이의 철학 특히 우주론의 형성에도 영향을 미쳐서 송학 곧 주자학에도 침투하였다. (〈도가철학 개론〉 21-22)

선불교는 인도의 불교가 중국의 도교의 영향을 받은 결과라고 생각됩니다. 알랜 와츠같은 사람은 부처와 노자가 만나 선불교가 탄생하였다고 말합니다. 라즈니쉬 역시 인도의 석가와 중국의 노자가 선(禪) 안에서 만났다고 말합니다. 불교가 중국에 수입되어 중국의 문화에 뿌리내릴 때, 중국의 토착종교인 도교의 영향을 받습니다. 토착종교를 문화적 토양에 비유한다면 일종의 종교의 이식이라고 볼 수 있겠습니다. 불교는 인도의 문화적 토양인 힌두교에서 뿌리가 뽑혀 중국의 문화적 토양인 도교에 이식되었다고 볼 수 있기 때문입니다.

질문4: 해탈, 혹은 깨달음이란 무엇입니까?

불교의 해탈, 대오각성, 깨달음이라는 말의 의미는 아주 깊은 의미가 있기 때문에 쉽게 답을 할 수 없는 질문입니다. 2600년의 불교 역사에서 수없이 많은 논란의 중심에 있었던, 불교 교리의 핵심적 내용이라고 볼 수 있지요.

제가 대답할 수 있는 부분은 아주 개략적인 내용정도만 말씀드릴 수밖에 없군요. 먼저 해탈(解脫)이라는 말은 무엇으로부터 해방되고 탈출한다는 의미의 한자어인데, 핵심은 무엇으로부터 해방되느냐의 문제 같습니다.

불교에는 윤회(輪廻)의 교리가 있습니다. 인간이 죽고 나면, 그가 행한 업(業)에 따라 다음 생의 출생이 결정된다는 교리입니다. 제가 현재 아주 축복받는 삶을 살고 있다면, 제가 전생에 좋은 업보를 쌓은 결과로 볼 수 있겠지요. 이 윤회는 회전하는 바퀴와 같이 끝없이 지속되는데, 그 윤회의 내용은 결국 생로병사, 혹은 고해 속의 삶일 뿐입니다. 전생의 좋은 업을 쌓아야만 짐승으로 태어나지 않고 인간으로 태어나는데, 인간으로 태어나도 삶의 실존이라는 것은 불행의 순간이 훨씬 길고, 행복한 순간은 아주 짧은 것이 보통 사람들의 경험입니다.

이같이 영원히 반복되는 윤회의 사이클에서 해방되는 것을 해탈이라고 합니다. 이것은 그리 쉬운 일이 아닙니다. 왜냐하면 현재의 삶이라는 것은 지나간 과거의 원인과 결과의 사슬로 이루어져 있기 때문입니다. 그리고 그 인과의 사슬은 한 개인의 전생에만 해당되는 것이 아니라, 각자의 개인이 다른 사람에게 미친 원인과 결과의 사슬로 묶여져 있습니다. 따라서 한 개인이 짊어지고 살아가야하는 현재는 한 개인 뿐만 아니라, 수없이 많은 사람들의 인과의 사슬에 복합적으로 묶여져 있고, 현재에도 그 사슬은 더욱 더 견고하게 형성되어 가고 있기에 이 윤회의 사슬을 끊는 것은 범속한 인간에게는 불가능하다고 볼 수 있습니다. 엘리아데는 윤회로 부터의 해방이 불교에서 개종의 주된 목적으로 활용된다고 보았습니다.

> 우주의 탄생과 재탄생의 무한한 수, 그와 더불어 카르마(업)의 법칙에 지배되는 인간의 탄생과 재탄생의 무한한 수에 공포를 느낀 인도인은 어떻게든 이 우주의 수레바퀴와 무한한 윤회에서 벗어날 출구를 찾아야만 했다. "탄생-죽음-재탄생"의 끔찍한 순환과 고통으로부터 인간을 해방시키는 신비적 교리와 기법은 우주 순환의 신화적 이미지를 차용하여, 개종을 목적으로 이런 이미지를 확장, 이용했다. (〈이미지와 상징〉 86)

불교도는 이 인과의 사슬의 최초의 시작이 인간의 욕망에서 시작되었다고 믿습니다. 결국, 해탈의 경지에 이르기 위해서는 윤회가 시작되는 최초의 단계, 혹은 욕망의 최초의 단계로 거슬러 올라가서, 그 최초의 원인을 해소해야 하는 어려운 문제에 직면하게 됩니다. 타임머신을 타고 현재를 거슬러 올라가 억겁의 윤회를 통과해 최초의 원인, 최초의 욕망으로 가야 하는데 이것은 물리적으로 불가능한 것입니다.

이것이 과학의 세계에서는 불가능하지만, 초월적 세계, 영과 무의식을 주된 무대로 삼고 있는 종교나 신화의 세계에서는 불가능하지만은 않습니다. 예를 들어, 우리의 육체의 시간은 과거, 현재, 미래의 순서루 직선적으로 흐르고 있습니다. 하지만 영, 혹은 무의식의 세계에서는 이같은 시간의 순서는 종종 무시되며, 육체의 시간과는 전혀 다른 차원의 시간형식을 체험할 수 있습니다. 예를 들어, 무의식의 주무대인 꿈의 세계를 보십시오. 꿈속에서 무의식은 시간과 장소의 제약을 받지 않습니다. 또한 인간의 육체는 사멸하지만, 영은 영원하다고 말합니다. 그 때 영원이라는 말은 시간과 어떻게 구별될까요. 종교나 신화는 우리가 알고 있는 기계적 시간과 전혀 다른 차원의 시간을 종종 이야기 합니다.

불교에서 말하는 해탈은 일종의 개인적 체험의 영역이기 때문에, 거기에 이르는 방식은 개인마다 다릅니다. 뛰어난 영적 스승은 그 개인의 성향을 잘 파악해서 그에게 맞는 수련의 방식을 제시하기 때문에, 해탈에 이르는 방식이 무엇이냐는 질문에 어떤 공식 같은 것을 말할 수는 없지만, 그 해탈이 시간의 신비와 관계되어 있다는 것은 분명합니다.

> 그러나 불교에서나 인도의 사변에서나, 시간은 무한한 것이고 보살들은 모든 중생들에게 구원의 소식을 알리기 위해서 영원히 화신으로 나타날 것이다. 시간에서 탈출하여 존재의 쇠바퀴를 부수는 유일한 가능성은 인간의 조건을 파기하고 열반을 획득하는 것뿐이다. (〈이미지와 상징〉 79)

따라서 해탈의 공식 같은 것을 배우려하기 보다는 해탈을 경험한 직후, 승려들이 인식하는 의식의 경지를 이해하려는 것이 더욱 중요하다고 봅니다. 해탈의 심리적 상태를 들여다 볼 수 있는 것이 오도송(悟道頌)입니다. 오도송은 해탈의 순간과 해탈한 직후의 심리상태를 시의 형태로 표현한 것입니다. 그것은 시이기 때문에, 상징과 이미지를 통해 표현될 때가 많습니다. 해탈은 윤회로 부터의 해방을 의미하기 때문에 불교 뿐만 아니라 인도의 고대 종교에서도 발견됩니다. 깨달음을 얻은 현자가 인식하는 시간은 역설적 시간입니다.

> 실제로 「찬도갸 우파니샤드」(III, 11)는 현자, 깨달음을 얻은 자에게 태양은 움직이지 않는다고 주장한다. "그러나 태양은 천정에서 떠오른 후, 더 이상

떠오르지도 지지도 않으리라. 태양은 홀로 중심에 있으리라. 이 송시가 그것을 노래한다. '그곳(브라만의 초월적 세계)에서 태양은 결코 지지 않았고, 결코 떠오르지 않아……' 태양은 뜨지도 지지도 않는다. 브라만의 비의를 아는 자에게 태양은 결단코(샤크르트) 하늘에 있다." 여기에서 초월에 관한 감각적인 이미지를 말하고 있음은 물론이다. 천정에서, 하늘 궁륭의 정점에서, "세계의 중심"에서, 차원의 단절과 우주 삼계간의 소통이 가능한 그곳에서, 태양(=시간)은 "깨달은 자"에게 부동으로 있다. 역설적이게도 유동하는 현재가 정지된 현재로 변화된다. 보리(菩提)와 오득(悟得)은 시간으로부터의 이탈이라는 기적을 실현시키다. 베다와 우파니샤드 문헌에서는 깨달음의 역설적 순간을 번개와 비교한다. 브라만은 마치 번개처럼 돌연 깨달음을 얻는다.(「케나 우파니샤드」, VI, 4, 4) "번개 속에 진리가 있구나"(「카우시타키 우파니샤드」, VI, 2. 번개-영적인 깨달음의 이 이미지는 그리스의 형이상학과 기독교 신비주의에서도 똑같이 나타난다). (〈이미지와 상징〉 88)

이 같은 시들을 살펴보면, 해탈이전의 존재양식과 해탈이후의 존재양식에는 큰 차이가 있습니다. 특히 시간의 개념에서 결정적인 차이가 있는데, 해탈한 자들은 일반인들과 전혀 다른 시간의 차원에 존재하고 활동한다는 느낌이 듭니다.

여러 차례 불타는 자신이 "아이온을 초월" 하며, "아이온에 속하는 사람이 아니라는 것," 즉 그는 실재로 시간의 순환적 흐름 속에 속해 있지 않으며, 우주적 시간을 초월한다는 것을 상기시킨다. 「삼유타 니카야」 (I, 141)에서 말하고 있듯이, 불타에게는 "과거도 미래도 존재하지 않는다." 불타에게 모든 시간은 현재가 될 수 있다.(「미숫디 마가」, 411) 이 말은 곧 그가 시간의 불가역성을 파기했다는 뜻이다. 신비주의자들이 말하는 절대적 현재, 영원한 현재는 적정이자 비지속이다. 비지속, 영원한 현재를 공간적 상징으로 환치하면 부동성이 된다. (〈이미지와 상징〉 94-95)

가장 쉽게 이야기 한다면, 우리들의 현재는 과거와 미래에 예속되어 있는데, 이들에게는 현재만이 존재하는 것처럼 보입니다. 다시 말하면, 우리의 현재는 과거의 결과와 미래의 예상 사이에 갇힌 노예와 같아서, 현재의 자율성과 현재 자체의 독립적인 가치를 가질 수 없습니다. 하지만, 그들에게는 과거와 미래가 아예 존재하지 않고, 마치 현재만이 무한한 지평처럼 펼쳐져 있는 것 같이 보입니다. 후회로 가득한 과거와 불안에 가득한 미래의 짐에서 해방된 순결한 현재는 어쩌면 해탈한 자만이 맛볼 수 있는 결실인지도 모르겠습니다.

질문5: 요가는 종교입니까? 아니면, 건강요법입니까?

요가는 종교이기도 하며, 건강요법이기도 합니다. 원래 요가는 우주의 생명력과 인간의 정신과 육체의 조화와 일치를 목적으로 하는 영성수련법의 하나로 시작되었습니다. 고대의 인도인은 우주 자체를 단순한 물질의 집합체로 간주하기 보다는 거대한 생명체, 혹은 거대한 인격적 존재로 여겼습니다. 그들은 우주 속에 속한 개인은 우주의 생명력과 어떠한 방식으로든지 연결되어 있다고 믿었습니다. 우주와 조화를 이룰 때와 그 반대로 우주와 단절되어 있거나, 부조화를 이룰 때, 한 개인의 정신, 육체적 건강에는 엄청난 차이가 날 수 밖에 없지요. 우주와 조화를 이루려면, 개인의 신체와 정신과 영혼 사이에 조화와 접점을 찾아야 합니다. 동시에 한 개인의 몸을 작은 우주로 간주해야 합니다. 따라서 소우주인 개인과 우주 사이의 접점을 발견하고 우주와 조화를 이루는 것은 고대 인도인에게 아주 중요한 소망이었습니다. 이 소망을 이루기 위해 여러 가지 방식의 영적 신체적 수련의 방식이 개발되었는데, 이 같은 방식 중에서 가장 오랜 역사를 가지고 현대까지 살아남은 것이 요가입니다.

요가는 최초에는 영성 수련이 핵심이지만, 영혼과 육체와 정신의 조화를 이루고, 나아가서 개인과 우주의 조화로운 통합을 얻기 위해서는 정신수련 뿐만 아니라, 육체의 수련을 포함할 수 밖에 없지요. 힌두교의 종교 문화적 토양 속에서 요가는 식이요법, 신체단련, 삶의 방식을 포함한 아주 포괄적 체계를 갖추게 되었습니다.

건강과 다이어트에 관심이 많은 현대인들에게는 요가의 총체적 체계 속에서 유독 신체수련의 영역이 환영받았습니다. 따라서 미국이나 한국에서 요가라고 하면, 일종의 건강관리프로그램이나 효과적인 체조, 자세교정의 좋은 방식으로 여겨질 때도 있습니다. 하지만 이렇게 시작한다할 지라도, 요가의 깊은 경지에 도달하게 되면 요가의 본래의 목적인 우주와 개인의 조화, 인간 속의 신체, 정신, 영혼의 조화라는 본래의 목적과 연결될 수 있습니다.

종교와 신체수련법은 사실 그리 쉽게 구별되지 않을 때가 많습니다. 종교가 지향하는 것은 결국, 인간의 영혼과 육체를 초월적 대상이 지닌 긍정적 에너지와 조화시키는 것이기 때문에, 신체의 에너지를 조정하는 것은 아주 중요한 종교의 영역입니다. 종교와 건강요법의 경계가 애매한 경우는 중국의 기공이나, 도교에서도 발견됩니다. 중국 사람들이 공원에서 하는 독특한 몸짓의 체조는 서양의 체조와는 근본적으로 그 기원이 다릅니다.

서양의 체조는 근육과 골격의 연구에서 이들을 건강하게 유지하거나 발전시키고자 하는 의학적 관심에서 시작되었습니다. 그러나 도가의 섭생이나 기공의 몸동작은 우주, 자연, 신체, 정신 사이의 조화를 이루고자 하는 종교적 열망에서 시작된 것입니다. 이들이 도달하고자 하는 경지는 단순히 근육을 유연하게 하고 몸을 건강하게 하는 것으로 그치지 않습니다. 이들이 염두에 두는 것은 오히려 육체를 자율적으로 통제하여, 우주의 기를 담는 걸어 다니는 그릇으로 만드는 것이라고 볼 수 있지요.

질문6: 요가의 대가들이 체험한다는 쿤달리니는 무엇입니까?

요가의 대가에게는 독특한 신체적 현상이 발생하기도 하는데, 그 중 가장 대표적인 예가 쿤달리니 현상이라고 합니다. 쿤달리니는 우주의 에너지와 신체의 에너지 사이에 완전한 조화가 이루어지는 순간 신체의 내부에서 발생하는 독특한 에너지의 발현이라고 볼 수 있는데, 이 때 몸은 뜨거운 열을 느끼고, 신체는 마치 거대한 에너지에 사로잡힌 듯 자신의 의지와 반해서 발작적인 행동을 하기도 합니다. 보통사람들의 눈에는 광기에 사로잡힌 사람의 발작과 같은 몸짓처럼 보이기도 하지만, 요가 수행자들은 상당한 수행의 경지에 이른 자들만이 체험할 수 있는 쿤달리니 현상으로 간주합니다. 다음은 쿤달리니를 체험했던 스테니스라브 그로프라는 수행자가 남긴 글입니다.

> 그들의 등뼈에는 아래로부터 위로 뜨거운 열이 올라가면서 강력한 에너지를 느낍니다. 그러면 그들의 몸은 발작을 하는 것처럼 엄청나게 흔들리고 몸이 꼬입니다. 그들의 감정은 엄청난 에너지로 인하여 그 누구도 예측할 수 없는 심한 감정의 기복을 나타냅니다. 분노, 염려, 슬픔, 기쁨, 황홀경에 사로잡힘 등의 모습이 타나나지요. 이 과정에서 각 개인들은 그들의 몸과 정신을 다스릴 수 없습니다.

종교의 영역에는 과학이나 의학이 설명할 수 없는 많은 영역이 남아있습니다. 아직까지 쿤달리니 현상의 원인을 의학적인 방식으로 규명할 수 없습니다. 어쩌면 이같은 독특한 신체-영성-우주와의 관계는 비단 동양만이 아니라, 서양 종교의 기원과도 연결되기도 합니다. 어떤 학자들은 그리스 로마에 등장하는 디오니소스 제를 서양종교의 기원으로 봅니다. 디오소스 축제 기간에는 술과 광기, 엑스다시, 충동이 참여자 집단을 일종의 집단광기로 사로잡습니다. 일찍이 니체는 서양문화가 아폴론적인 이성과 디오니소스적인 감성 사이의 대립과 충돌 속에서 발전하였다고 말했습니다. 과학과 철학이 아폴론의 영역이었다면, 종교와 예술이 디오니소스의 영역입니다.

기독교에서도 성령이 임하였을 때 과학적으로 설명할 수 없는 독특한 신체 현상을 동반한다고 합니다. 소위, "성령의 불길"이 임하면 몸과 마음이 뜨거워지며, 방언을 말하며, 때로는 질병의 치유가 이루어지기도 한다고 주장합니다. 하지만 이 같은 현상들은 과학적으로 증명할 수 없는 종교의 독특한 영역이라고 볼 수 있습니다.

질문7: 신비주의는 무엇입니까?

신비주의가 무엇이냐는 질문에 한 마디로 답할 사람은 세상에 아무도 없습니다. 그만큼 신비주의는 이성, 논리, 학문의 범주를 벗어나는 영역에 속합니다. 하지만, 신비, 신비체험, 신비주의자를 구별해서 생각하면, 신비주의가 어떤 것인지 논리적으로는 설명할 수 없지만 그 특징들을 이해할 수는 있겠지요.

먼저, 신비라는 단어를 생각해 봅시다. 신비라는 것은 일상적 경험이나 표현을 넘어서는 숨겨진 무엇을 말합니다. 신비는 보통 초월적 차원에 속한 비밀입니다. 그것은 학습과 노력에 의해서 얻게 되는 지식과 구별됩니다. 그것은 이 세상에 속한 것이 아니기 때문에, 이 세상에서 발견될 수 있는 그 어떤 것이 아닙니다. 신비가 이 세상의 차원에 드러날 때, 그것을 계시라고 합니다. 계시라는 것은 계시를 받는 자의 입장에서 보면 수동적 수용이며, 계시를 주는 신의 입장에서 보면 능동적 개입입니다. 구약성경의 예언자들은 하나님의 계시를 수동적으로 수용할 뿐입니다. 계시를 기록한 예언서가 구약성경의 상당 부분을 구성합니다. 이런 점에서 유대교, 기독교, 이슬람교를 계시종교라고 부릅니다. 하나님 안에 감추어진 신비가 인간에게 계시로 드러났기 때문입니다. 이사야나 예레미아와 같은 예언자들은 하나님에게 속한 지식을 계시 받고, 그 내용을 전하도록 선택받은 자라고 볼 수 있습니다. 신비라는 것은 세속적 존재 양식에 속한 세속적 존재에게 속한 어떤 것이 아닙니다. 유일신교에서는 신, 힌두교나 불교와 같은 종교에서는 절대적 실재, 궁극적 리얼리티에 속한 어떤 것입니다. 오토는 종교적 신비를 이 세상에 속한 것과 전혀 다른 어떤 것이라고 주장합니다.

> 신비(mysterium), 신비적(mystēs), 신비주의(Mystik)라는 말들은 아마도 범어 'mus'에 아직도 보존되어 있는 어간으로부터 유래하는 것이다. 'mus'란 말은 '감춘다', '숨긴다', '비밀히하다' 등의 뜻을 지니고 있으며 따라서 속인다거나 몰래 한다라는 뜻도 된다. 일반적인 의미로는 신비란 먼저 모든 친숙하지 못한 것, 혹은 이해되지 않거나 설명되지 않은 것이라는 뜻에서의 비밀을 일컫는 말이다. 그러한 한 신비라는 말 자체도 우리의 의중에 있는 바에 비하면 자연적인 것의 영역으로부터 취한 단지 하나의 유추적 개념에 불과하며, 사실 자체를 정말로 다 나타냄이 없이 단지 하나의 유추의 목적으로 사용된 명칭일 뿐이다. 사실 자체, 즉 종교적으로 신비한 것 혹은 진정으로 기이한 것이란 가장 적절히 표현할 것 같으면 '전혀 다른 것'(das 'Ganz andere', thāteron, anyad, alienum, aliud valde), 생소한 것, 소외감을 주는 것으로서, 일상적인 것, 아는 것, 친숙한 것, 따라서 '편안한 것'의 영역을 벗어나는 것이며 이러한 것들과는 반대되고 따라서 마음을 순전한 놀라움으로 채우는 것이다. (〈성스러움의 의미〉 67)

그렇다면 신비체험이 무엇인지 좀 더 쉽게 설명할 수 있습니다. 신비체험은 신, 초월적 대상, 궁극적 실재와 만나거나, 관계하거나, 그것을 소유하거나, 그것에 의해 소유당하는 체험을 의미합니다. 신비주의자들의 영적 편력과정을 여섯 단계로 구별하고 그 최종적 단계를 "통일된 삶"(unitive life)이라고 명명한 이블린 언더힐(Evelyn Underhill)은 이 경지에 이른 신비주의자를 다음과 같이 기술하고 있습니다.

> 그는 자신이 오랫 동안 추구했던 초월적 실재와의 교감, 신과의 합일이 이제 최종적으로 구축되었다고 말할 것이다. 겉으로는 변함이 없을 지라도, 그의 자아는 그가 얻은 생명과 사랑의 대양에 의해, 마치 바다가 해면을 적시듯이, 총체적으로 관통되었다고 말할 것이다. "나는 산다. 하지만 이제 내가 사는 것이 아니라, 내 안에 있는 신이 산다." 그는 자신을 분리시키는 마지막 얼룩으로 부터 정화되었다는 것을 의식한다. 신비스러운 방식으로 그는 자기 스스로가 "자신이 바라 보는 것"이 되었음을 자각하는 것이다. (417-418)

사실 종교의 영역은 신비의 영역이며, 신비체험은 궁극적인 종교체험이기도 합니다. 따지고 보면, 모든 종교의 창시자는 예외 없이 신비체험을 한 사람이라고 볼 수 있습니다. 예수, 부처, 모하메드는 궁극적 실재를 직면하고, 세속성을 넘어 존재하는 거룩함의 세계를 체험하고 그것을 자신의 추종자들에게 전한 사람으로 볼 수 있습니다.

또한 제도화되어 가는 종교에 본래의 거룩함과 생명력을 되찾고 이어가는 사람 역시 신비 체험을 한 사람입니다. 신비체험은 언제나 개별적이며, 내면적이며, 초월적이기 때문에 제도적이며 집단적인 종교가 빠지기 쉬운 형식성과 교조성을 깨뜨리고 그 안에 창조적인 생명력을 다시 불어 넣습니다. 종교의 역사는 신비주의자들에 의해 시작되고, 종교의 생명력은 신비주의자들에 의해 유지된다고 해도 과언이 아닙니다. 성 프란시스, 성 어거스틴, 성 안토니우스, 루터, 웨슬리 등은 모두가 신비체험을 한 사람들이지요.

하지만, 그보다 더 많은 신비주의자들은 제도화된 종교 조직의 성직자들에 의해 이단의 이름으로 처형되었습니다. 제도권의 성직자들은 전례와 교리라는 기준을 가진 반면에 신비주의자들은 이같은 기준에 의해 재단되기에 너무나도 독특한 종교체험을 겪은 사람들이기 때문입니다. 엄격한 기준을 공유한 종교전문가들이 알고 있는 세계와 다른 세계를 이들이 이야기 할 때, 종교적 기득권층은 위협을 느낍니다. 예를 들어, 루터가 "은총만의 구원"이라는 복음의 핵심을 신비롭게 체험하고, 자신의 체험을 근거로 말하고 행동했을 때, 그는 당시의 가톨릭교회에서 파문되었고 살해의 위험에 처했습니다. 하지만, 루터는 이에 굴하지 않고 종교개혁을 이끌어 갑니다. 종교개혁은 제도화된 중세 가톨릭에 새로운 생명력을 불어 넣었습니다. 하지만 당대의 교황에게는 이단이었지요. 신비주의는 한 개인의 내면적 경험에 집중합니다.

> 종교는 각 개인으로 하여금 신과 일 대 일로 마주보도록 개인을 고립시키는 경향이 있다. 그때 그는 의식(儀式)을 통해서보다 창조주에 대한 피조물로서의 내밀한 감정의 토로에 의해 그 신을 더 잘 알게 된다. 성은 내면화되며 오직 각 개인의 영혼에 관계할 뿐이다. 그리하여 신비주의적 신앙의 중요성이 점차 커지며 성이 객관적 표현보다 신앙의 순수한 태도를, 또 의식(儀式)보다 의미 깊은 행동을 더 중시하게 되는 순간부터 모든 외적 척도는 불충분한 것으로 나타난다. (〈인간과 성〉 198)

부처 이후, 달마를 비롯한 위대한 선승들은 해탈이라는 궁극적 실재의 체험을 통해, 불교의 본래의 생명력을 이어갑니다. 어쩌면, 신비주의 전통은 제도화된 종교와 언제나 대립되는 위치에 있다고 볼 수 있습니다. 제도, 집단, 교리, 전통이라는 형식 속에 질식하기 쉬운 거룩함의 생명력을 유지하고 부활시키는 또 다른 전통이라고 볼 수 있습니다. 각 종교의 신비주의자들은 동일한 종교를 믿는 일반 신자들이 체험하는 수준과 다른 차원의 종교적 체험을 합니다. 좀 더 쉽게 이야기한다면, 대부분의 종교인들은 제도화된 종교의식을 통해 전달되는 간접적이고 집단적인 종교체험을 하는 반면에 신비주의자들은 개별적이고 직접적으로 거룩한 실체와 접촉하는 사람들입니다. 이들이야 말로 종교가 말하는 거룩함의 실재를 직접적으로 체험하는 사람들입니다. 종교가 만일 거룩함의 실재를 상실하게 되면, 종교는 공동체의 문화와 윤리의 기능만을 수행합니다. 문화와 윤리로도 종교의 존재가치는 있겠지만, 그것이 종교의 본질이 될 수는 없습니다. 신비체험이 결여된 종교는 그 종교의 조직과 권력이 유지된다 해도 생명력이 결여된 종교라고 할 수 있기 때문입니다.

질문8: 신비체험의 위험성은 없나요?

신비체험이 엑스타시와 같은 심리현상과 구별되지 못할 때, 종교를 주술로 전락시킬 위험도 있습니다. 신비체험은 마약이 초래한 환각상태나 일시적인 감정의 고양과 구별되되 않으면 안 됩니다. 혹은 특정 종교집단에서 연출하는 집단광증과도 구별되어야 합니다. 영국의 훌리건들이 축구에서 승리하거나 애석하게 패했을 때, 느끼는 집단 광증은 신비체험과 오히려 정반대의 체험입니다. 이 같은 순간에 인간이 체험하는 심리상태는 인간을 영적존재로 만드는 신비체험과 달리 인간을 야수와 같은 존재로 추락시키기 쉽지요.

인간의 집단광증을 가장 잘 활용한 사람 중의 한 사람이 히틀러입니다. 그는 인간의 의식이 집단최면에 걸리기 쉬운 깊은 밤에 불교의 상징을 연상시키는 철십자가와 독수리 문양의 깃발을 앞세우고 횃불을 들고 집단 행진을 하며, 수만의 군중 앞에서 마치 신들린 듯 격정적인 웅변을 토해냅니다. 경제적, 정치적 고통에 빠진 아리안족의 구원자를 자처하면서 말입니다. 한 국가가 집단광증에 사로잡혔을 때의 위험성은 상상을 초월한다는 것을 우리는 역사를 통해서 볼 수 있습니다.

우리 인간의 잠재의식에는 성스러움과 교감할 수 있는 영적인 능력이 있는가 하면, 야수처럼 변할 수 있는 집단광기가 동시에 내재해 있습니다. 신비체험이나 광기에 사로잡히거나 일시적인 황홀경의 체험은 겉으로 보면 별반 차이가 없습니다. 그러나 결과를 보면 압니다. 신비제험은 인간의 내면을 근본적으로 변화시키는 존재론적 변모를 불러 옵니다. 그리고 말할 수 없는 활력, 평화와 사랑과 창의성을 그 심리적 특징으로 동반합니다. 어거스틴이나 루터, 웨슬리 같은 사람이 소진되지 않는 사랑과 평화를 유지한 채, 그토록 정력적으로 일할 수 있었던 것은 그가 체험한 신비체험이 그의 인격자체를 근본적으로 변화시켰기 때문입니다.

이와는 반대로 광기에 사로잡힌 사람은 자신의 윤리의식과 이성을 일시적으로 상실하고, 정상상태에서는 생각할 수도 행할 수도 없는 야수적인 행동을 자행합니다. 그래서 "광기에 사로잡혔다"라는 말로 표현합니다. 어두운 힘에 사로잡혀 자신이 살아있는 악과 충동의 도구로 사용되는 것이지요.

엑스타시는 광기는 아니지만, 인간을 극도의 황홀경에 일시적으로 빠져들게 하지요. 중독성이 강한 마약중 하나의 이름이 "엑스타시" 입니다. 보통사람들의 일상적인 삶은 대부분 따분합니다. 어떤 경우에는 우울하기까지 하지요. 엑스타시와 같은 마약은 뇌에 작용하는 순간에 극도의 정신적 고양상태에 이르게 합니다. 그 정신적 고양상태가 너무도 강렬하게 체험되기 때문에, 마약의 효능이 사라지고 일상적인 의식 상태에 되돌아 왔을 때, 그 무료함은 견딜 수 없을 정도가 되지요. 인간의 신체가 마약에 취했을 때 느꼈던 의식의 고양상태를 기억하고 있기 때문입니다. 몇 번의 악순환이 반복되면 이내 중독이 되어, 마약의 사슬에서 헤어 나오지 못하게 됩니다.

사이비 종교기관에서도 이와 유사한 정신적 엑스타시를 조장하는 경우가 있습니다. 이 들이 제공하는 종교적 황홀경에는 강한 중독성이 있어, 몇 번 강력한 정신적 체험을 하고 나면 이들이 주최하는 집회에 주기적으로 참석하게 됩니다. 이 같은 종류의 정신적인 엑스타시스는 인간의 인격을 변화시키지 못합니다. 폭죽 같이 강력한 정신적 고양이 발생하지만, 이내 어두워집니다. 이런 체험은 지속적인 변화를 초래하지 않습니다. 일시적인 기분의 전환이지요. 종교가 지닌 중독성을 지적하면서 마르크스는 "종교는 민중의 아편이다"라고 했습니다. 종교를 폄하하려는 동기에서 한 말이지만 종교의 어두운 면을 예리하게 지적하는 말입니다.

질문9: 샤머니즘이 무엇인가요?

어떤 사람들은 샤머니즘을 미신이나 주술과 동의어로 사용합니다. 아펜젤러나 언더우드와 같은 선교사들이 조선에 기독교를 전파할 때, 그들은 샤머니즘은 미신이라는 낙인을 찍었습니다. 샤만을 우리말로 번역하면 무당입니다. 여러분들은 "무당"이라고 하면 어떤 이미지가 떠오릅니까? 저도 한 때 무당은 종교와 반대가 되는 정신현상이라고 생각했었습니다.

융과 샤머니즘에 관련된 유명한 일화가 있어서 소개하지요. 융의 수제자인 폰 프란츠와 한국의 융 연구가인 이부영과의 대화에서, 폰 프란츠는 이렇게 말했다고 합니다: "융은 위대한 샤먼입니다. 융이 프로이드와 결별하고 자신만의 길을 가면서 겪었던 체험들은 샤먼들이 체험한 사후세계에 대한 체험과 유사합니다. 융은 사후세계를 여행한 셈입니다."

이와 같은 대화에서 엿볼 수 있듯이 샤머니즘은 단순한 미신으로 치부할 수 없는 심원한 종교적 특징을 가지고 있습니다. 원시시대의 샤먼은 길 잃은 영혼의 인도자입니다. 신체적인 질병은 영혼이 길을 잃었을 때 발생한다고 믿었던 고대인들은 길 잃어버린 영혼을 인도하여 육체에 되돌아가게 하는 샤먼을 일종의 의사라고 믿었습니다.

> 샤만은 물론 주술사이기도 하고 주의이기도 하다. 샤만은, 원시적인 샤만이든 근대적인 샤만이든간에, 의사들처럼 병을 치료하기도 하고 주술사들처럼 고행자풍의 이적(異蹟)을 행하기도 하는 것으로 믿어진다. 그러나 샤만은 여기에 머물지 않고 영혼의 안내자(psychopomp) 노릇을 하는가 하면 사제 노릇도 하고 신비가 노릇도 하는가 하면 시인 노릇도 한다. (〈샤마니즘〉 24)

샤먼이 길 잃어버린 영혼에게 길을 찾아주기 위해서는 자신의 영혼이 길을 잃고 다시 길을 찾은 경험이 있어야 합니다. 길을 걸어본 경험이 없는 사람이 길을 안내할 수는 없으니까요. 샤먼 후보자의 영혼이 길을 잃어버린 상태를 "신병(神病)", 혹은 "무병(巫病)"이라고도 하지요. 원래 샤먼이라는 직업은 자신이 선택하는 것이 아니라 신, 혹은 조상신이 선택하는 것입니다. 신이 어떤 사람을 샤먼으로 선택했을 때, 그 최초의 증거가 바로 이유 없이 찾아오는 무병입니다. 그의 영혼이 육체와 분리되어, 죽은 자만이 갈 수 있는 세계로 빠져들거나, 초월적인 세계에서 길을 잃어버리거나, 무의식의 심연에서 헤어 나오지 못하거나 하는 등, 영혼이 길을 잃어버렸을 때 나타나는 여러 가지 증세를 신병이라고 합니다.

이 때 샤먼 후보자를 진정한 샤먼으로 탄생시키는 의식을 성무(成巫)의식이라고 합니다. 샤먼 후보자의 신병은 독특할뿐더러 아주 위험합니다. 자신이 샤먼의 운명을 가지고 태어났기 때문에, 초월적 세계, 혹은 사후세계에서 길을 잃어버린 자신의 영혼이 스스로의 힘으로 길을 찾아 자신의 육체로 되돌아 와야 합니다. 영혼이 길을 잃었다가 자신의 육체를 찾아 되돌아오는 세계는 험난하고 위험합니다. 이 길은 죽은 자만이 갈 수 있는 길이며, 죽음에서 부활한 자만이 되돌아 올 수 있는 세계입니다. 엘리아데는 샤만 후보자의 신병을 접신체험에 의한 입문과정으로 설명합니다.

> 정신병리와는 상관없이 미래의 샤만은 특정한 입문과정의 시련을 거치고 고도의 복잡한 훈련을 받아야 하는 것으로 되어 있다. 후보자인 샤만을 보통의 신경증 환자에서 특정 사회가 용인하는 샤만으로 변모시키는 것은 바로 이 두 가지의 입문의례—접신 체험에 의한 입문과정과 교육에 의한 입문과정—이다. 무력의 바탕에 대해서도 같은 말을 할 수 있다. 중요한 것은, 이러한 권능 습득의 방법론(세습에 의한 습득, 영신에 의한 내림, 자발적인 탐색에 의한 습득)이 아니라 입문과정을 통하여 전달된 그 접신의 기술과 이론적인 바탕인 것이다.(〈샤마니즘〉 33)

그리스 신화의 오르페우스는 이런 점에서 전형적인 샤먼입니다. 자신이 사랑하는 에우리디케를 찾아 지상을 떠나 죽은 자들의 세계인 하데스에 내려갔다가 다시 지상의 세계로 되돌아 왔으니까요. 이 같은 신비체험 후 그는 자신을 추종하는 젊은이들에게 영적 세계의 고귀함과 금욕적 삶을 강조하는 비교의 교주가 됩니다. 그것이 오르페우스교입니다.

샤만 후보자의 영혼이 길을 잃게 된 것은 자신의 선택이 아닙니다. 하지만, 길을 찾아 자신의 육체로 되돌아오는 것은 자신의 책임입니다. 가혹한 운명이지요. 샤먼에게 이 같은 운명이 주어지는 것은 스스로의 힘으로 잃어버린 영혼의 길을 되찾지 않으면, 자신과 같이 길을 잃어버린 다른 사람의 영혼을 안내하는 영혼의 길잡이가 될 수 없기 때문입니다. 히말라야를 스스로 다녀오지 않은 사람이 히말라야 산의 안내자가 될 수 없는 것과 같은 이치입니다.

성무의식은 죽음과 부활의 체험을 포함합니다. 샤먼이라는 독특한 신분으로 다시 태어나기 위해서는 일반인으로서의 "이전의 나"는 죽어야 합니다. 영혼의 안내자로 부활하는 것이지요. 자신이 영혼을 잃어본 경험도, 그리고 찾아본 경험도 있기 때문에, 샤만은 일종의 영혼의 지도를 소유하게 것입니다. 자신과 유사한 영혼의 병을 앓는 자를 보면, 그는 그의 영혼이 사후 세계의 어느 지점에서 방황하고 있는지를 알며, 또 어떻게 그 영혼을 달래 환자의 육체로 되돌릴 수 있는지 압니다.

이런 점에서 보면, 원시부족의 샤먼의 역할은 현대의 정신의학자의 역할이나, 성직자의 역할, 의사의 역할을 합한 역할이라고 볼 수 있습니다. 정신과 의사가 신경증에 걸린 환자를 무의식의 세계로 인도하여, 무의식의 체험을 의식의 세계로 다시 인도하는 것과 샤먼이 환자의 잃어버린 영혼을 되찾아 주는 것은 거의 같은 구조를 갖고 있습니다. 혹은 거룩함의 세계를 경험한 적이 있는 성직자가 신도들의 영혼을 하나님의 나라로 인도하는 것도 샤먼의 행위와 유사합니다. 엘리아데 역시 샤만의 역할을 기독교의 성직자의 역할에 견줍니다.

> 샤만들은 종교 체험을 남달리 강렬하게 한다는 의미에서 그 사회의 나머지 구성원들과 구별된다. 다르게 말하자면 샤머니즘을 일반적으로 종교의 범주에 넣기보다는 신비주의의 범주에 넣어 분류하는 편이 옳을지도 모른다는 것이다. 그럼에도 불구하고 우리는 상당수의 종교에서 샤마니즘을 만날 수

> 있을 것이다. 그 까닭은 샤마니즘이 항상 특정 엘리트의 수준에서 행사하는 접신술로 남아 있는데다 특정 종교의 신비주의를 드러내고 있기 때문이다. 그러고 보니 문득 이 샤마니즘에 견주어질 만한 것이 생각난다. 기독교 교회의 수도사들, 신비주의자들, 성자들이 하는 역할에 견주어지지 않을까 싶은 것이다. (〈샤마니즘〉 27-28)

사실, 기독교의 예배는 지상에서 하늘로 다시 지상으로 돌아오는 여행이 짧은 시간에 이루어지는 것이라고 볼 수 있습니다. 기독교 신자들은 예배를 통해 하나님을 만난다고 말합니다. 그렇다면, 성직자는 예배를 인도하면서 신도를 하나님의 세계로 인도하는 것이지요. 예배가 종료되면 그는 다시 세상에 되돌아오는 것이 됩니다.

초월적 세계와의 만남, 죽음과 부활의 체험, 존재론적인 변화, 새로운 영적 힘이나 지식의 습득을 고려한다면, 샤먼의 체험과 성무의식은 원시적 의미의 신비체험이라고 볼 수 있습니다. 샤먼은 원초적 의미의 신비주의자입니다. 엘리아데는 샤먼을 원형적 종교인으로 보고 그의 대작 〈샤머니즘〉에서 샤머니즘을 "원시적 접신술"이라고 명명했습니다.

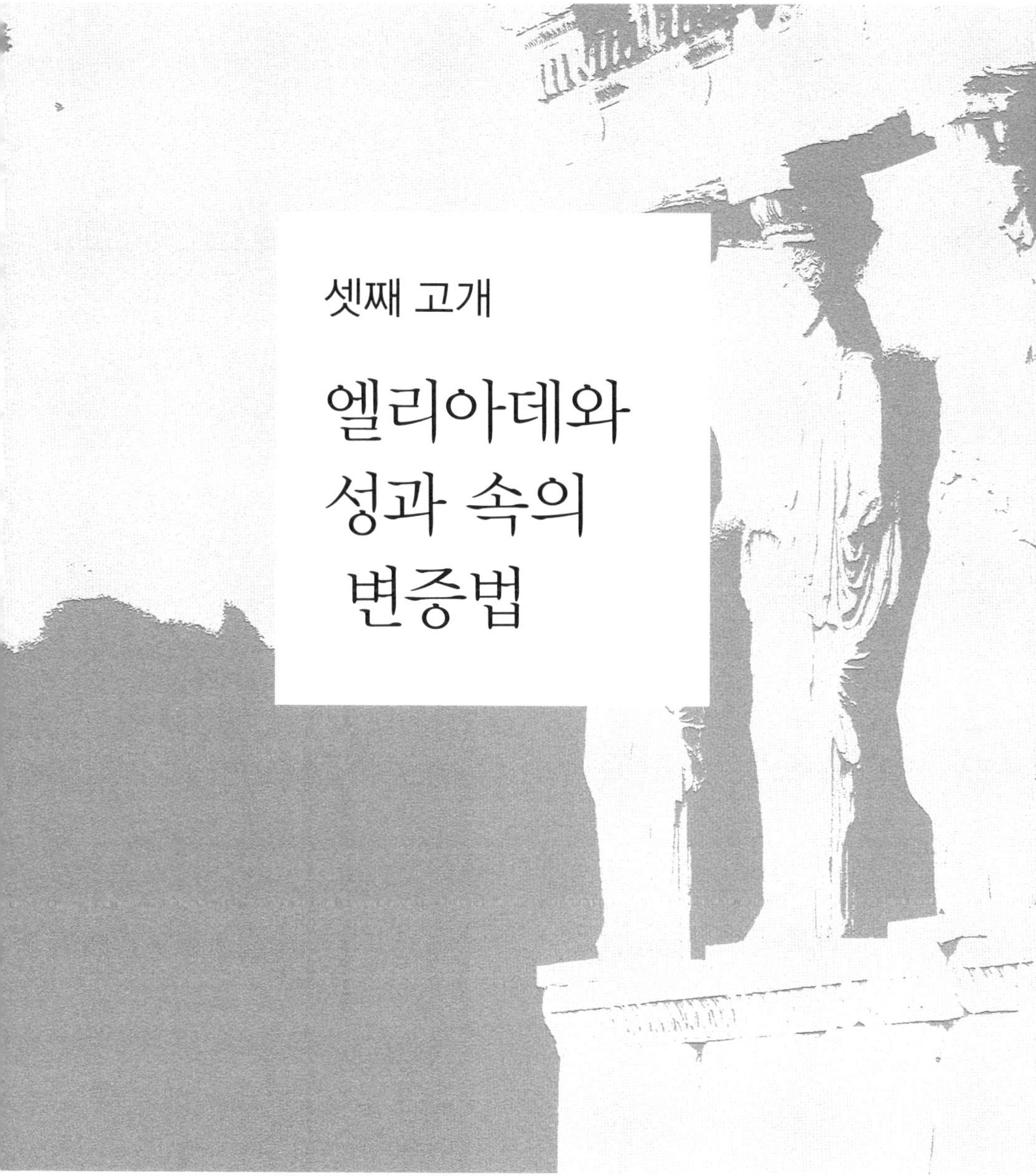

셋째 고개

엘리아데와 성과 속의 변증법

질문1: 엘리아데는 누구입니까?

미르치아 엘리아데는 신화와 종교의 영역에서 가장 잘 알려진 학자 중의 한 명입니다. 이 영역에서 가장 잘 알려진 학자로서는 엘리아데, 조셉 캠벨, 루돌프 오토, 칼 융 등을 들 수 있습니다. 무엇보다도 그는 〈성과 속〉의 저자로 가장 잘 알려져 있습니다. 이 책은 종교학 분야에서 고전 중의 고전으로 손꼽힙니다. 그는 루마니아 출신으로 인도에 가서 요가수행을 하였고, 이태리에서 공부하였고, 프랑스의 솔본느 대학에서 강의 및 저술활동을 하였으며, 이후에는 미국의 시카고 대학 종교학과에서 석좌교수로 활동하였습니다.

한 마디로 동서고금의 신화 및 종교를 아우르는 신화와 종교의 대가이며, 종교학 하면 엘리아데가 떠오를 정도로 유명한 사람입니다. 엘리아데가 활동하던 당시에는 종교학이라는 분야 자체가 아직 학문의 독자적 영역을 갖지 못하던 때라, 그는 종교학의 정체성과 종교학의 연구방법, 종교학의 연구 분야 등을 개척하는데 크게 기여하였습니다. 종교학이 현재의 학문형태로 독자적인 연구 분야와 연구방법을 갖게 된 것은 그의 덕분이라고 해도 과언이 아닙니다. 또한 그는 소설가로서 한 때 루마니아의 유명한 작가로 활동하였고, 〈만툴리사거리〉라는 소설의 저자이기 합니다. 결국에는 종교학에 몰입하기 위해, 소설가의 길을 접었지요. 자신이 직접 요가수행자로서 히말라야에서 수행한 경험이 있고 실제로 상당한 경지에 이르렀기 때문에, 인도의 종교와 신화에 대한 체험적인 지식을 갖고 있었고, 여기에 아프리

카, 호주, 북남미의 토착 신화에 대한 박물학적인 지식이 더해졌습니다. 이러한 세계 각국의 신화와 자신의 고향인 루마니아의 토속적인 종교, 그리고 유럽과 미국의 기독교 등을 비교하고 분류하면서, 엘리아데 특유의 비교종교학, 혹은 비교신화학이 탄생하였습니다.

그가 활동하던 당시에는 종교학도 사회학이나 인류학 등과 마찬가지로 연구의 대상을 외부에서 관찰하고 그 특징을 학문적으로 범주화 하는 지극히 객관적이고 과학적인 방법을 사용해야 한다고 많은 학자들이 주장하였습니다. 그러나 그는 종교의 연구는 다른 학문과 달리 종교를 믿는 신앙인 집단의 내부에서 그들의 관점에서 연구되어야 한다고 주장하였습니다. 서양의 학자가 서구적인 세계관과 학문적 체계에 근거해서 다른 문화권에 속한 종교나 신화를 바라보고 연구한다면, 특정 종교집단이 체험하는 종교현상이나 그 종교가 차지하는 위치나 사회적 기능을 제대로 이해할 수 없다고 하였습니다. 어떤 종교를 이해한다는 것은 실제 종교집단이 가진 존재의 지평에 함께 섰을 때 가능합니다. 종교현상을 종교인이 체험하는 방식으로 이해한 후에야 그 종교현상을 서구적 학문의 언어로 기술할 수 있다는 것이 엘리아데의 견해입니다.

모든 종교의 공통점은 역사와 현실을 넘어 존재하는 초월적 세계와의 관계를 맺는 것이기 때문에, 그의 연구의 초점은 성스러움, 신비주의, 초월적 체험에 특히 맞추어져 있습니다. 그의 대표적인 저서, 〈성과 속: 종교의 본질〉이라는 제목은 바로 그의 연구의 핵심주제를 반영합니다. 종교의 본질은 "성"과 "속"이라는 대립되는 두 존재양식의 신비로운 관계와 상호반응에서 발견될 수 있다고 보았기 때문입니다.

그리고 이같은 종교체험을 적절하게 표현하는 방식은 객관적, 기술적인 언어라기보다는 상징과 이미지가 가득한 내면의 언어라고 보았습니다. 그는 〈이미지와 상징〉이라는 책을 출판하였는데, 그 책의 부제는 〈주술적-종교적 상징체계에 대한 시론〉입니다. 종교의 영역은 이성과 논리가 자리하는 의식의 영역보다 더 깊은 무의식의 영역에 자리하고 있습니다. 이성과 논리의 언어는 무의식의 언어인 이미지와 상징을 번역하고 설명하는 것과 같습니다. 무의식은 때때로 논리와 합리성을 부정합니다. 종교가 무의식의 영역을 주된 활동 무대로 삼고 있다면, 그 무의식이 체험하고 염원하는 내용 역시 무의식의 언어로 표현될 수밖에 없습니다. 이런 점에서, 이미지와 상징은 무의식을 의식의 논리로 억압하거나 변형시키지 않고 그 자체의 언어로 표현하는 것이지요. 그런 점에서 엘리아데는 신화나 종교 속에서 발견되는 이미지와 상징을 중요하게 생각했습니다. 그리고 여러 나라의 종교와 상징 속에서 발견되는 유사하거나 공통된 상징을 분류하고 계통화해서 〈종교형태론〉을 탄생시켰습니다. 이런 점에서 그의 사상은 종교나 신화를 집단 무의식으로 보고, 상징과 이미지를 통해서 무의식의 세계를 설명하고자 한 칼 융의 정신분석학과 공통점이 많습니다. 다른 한편으로서는 세계 곳곳의 신화를 연구하고 그 신화속의 공통분모를 찾아내어 모든 종교, 신화의 보편성을 주장한 조셉 캠벨의 신화이론과도 유사합니다.

질문2: 엘리아데가 말한 거룩한 공간은 세속적 공간과 어떻게 구별됩니까?

엘리아데는 세계 속에는 두 가지의 존재양식이 존재한다고 주장합니다. 거룩함의 존재양식과 세속적인 존재양식입니다. 공간에도 거룩한 공간이 있으며, 세속적인 공간이 있다고 주장하지요. 세속적인 공간은 우리에게 친숙한 공간입니다. 우리가 처한 현실의 공간이니까요. 먼저 세속적인 공간의 특징을 한 번 살펴볼까요? 세속적인 공간은 한 마디로 뒤섞인 공간입니다. 절대적인 방향과 질서가 없지요. 유한합니다. 그리고 결국에는 차츰 오염되다가 소멸의 운명을 맞이하는 것이 세속적 공간의 특징입니다. 하지만 세속적인 공간은 현실적인 공간입니다. 우리가 먹고 마시고 일을 하며 사랑을 나누기도 하며 아이를 낳고 기르는 공간입니다. 세속적 공간은 우리의 삶에서 실존적이며 현실적인 활동의 공간을 제공하기는 하지만, 그 자체로서 영원하지도 못하며 완전하지도 않습니다. 이 세속적 공간의 존재양식만 가지고는 인간은 영속성, 방향성, 그리고 생명력을 보장 받을 수 없습니다. 그것이 인간에게 세속적 공간 뿐만 아니라 거룩한 공간이 필요한 이유입니다.

거룩한 공간의 특징은 세속적 공간의 특징과 정반대입니다. 거룩한 공간이란 언제나 최초의 생명력이 그 안에 존재하며, 오염될 수 없는 공간이며, 영원히 지속되며, 완전한 질서와 흔들리지 않는 방향성을 가진 공간입니다. 세속적 공간이 카오스라면, 거룩한 공간은 코스모스라고 볼 수 있지요. 세속적 공간의 유한성을 극복하는 방식은 세속적 공간의 보완이나 연장으로 가능하지 않습니다. 왜냐하면 이런 방식으로 보완되거나 연장된 공간 역시 세속적 공간의 운명을 갖기 때문입니다. 세속적 공간은 거룩한 공간으로 회귀함으로 새롭게 탄생할 수 있습니다. 거룩한 공간은 오염되기 이전의 공간입니다. 태초의 공간이 될 수도 있고, 신화의 공간이 될 수도 있습니다. 엘리아데는 거룩한 공간을 "하늘의 문"의 이미지로 설명합니다.

> 모든 거룩한 공간은 하나의 성현(聖顯), 즉 거룩한 것이 돌연히 나타나고, 그 결과 어떤 구역을 주위의 우주적 환경으로부터 분리시켜 질적으로 다른 무엇으로 만드는 현상을 함축한다. 야곱이 하란의 꿈에서 하늘에 닿은 사다리와 거기서 오르내리는 천사들을 보았을 때, 또 그 위에서 "나는 야훼, 네 할아버지 아브라함의 하느님이요"라고 말하는 주의 음성을 들었을 때, 그는 깨어나 두려움을 느끼며 이렇게 외쳤다. "이 얼마나 두려운 곳인가. 여기가 바로 하나님의 집이요, 하늘의 문이로구나." 그리고 그는 자기가 베개로 삼았던 돌을 기념비로 세우고 그 위에 기름을 부었었다. 그는 그곳을 벧엘, 즉 하나님의 집이라고 명명하였다.(「창세기」, 28장 12~19절). '하늘의 문'이라는 표현 속에 함축된 상징은 풍부하고도 복합적이다. 어떤 장소에서 일어난 신의 현현은 그것이 그곳을 위를 향해 열었다는 사실, 즉 천상과의 교섭 가운데서 하나의 존재양식으로부터 다른 존재양식으로 옮겨가는 역설적 지점으로 만들었다는 사실 그 자체에 의하여 그곳을 신성화한다. 우리는 곧 더욱 뚜렷한 실례들—'신들에로의 문'이며, 따라서 천상과 지상 사이의 전이점이 되는 성소(聖所)들을 보게 될 것이다. (〈성과 속〉 24)

엘리아데는 세속적 공간을 "균질적인 공간" 거룩한 공간을 "비균질적 공간"이라고 이름 붙였습니다. "균질적"이라는 말은 똑같다는 것입니다. 즉, 그게 그거라는 것입니다. 예를 들면, 다람쥐가 도는 쳇바퀴는 어디나 그게 그거입니다. 다람쥐가 쳇바퀴라는 균질적인 공간을 돌 때, 그가 어디를 가나 그 공간은 그게 그거입니다. 아니면, 망망대해를 생각해 봅시다. 어디를 가나 똑같습니다. 방향성도 없고, 한 시간을 더 항해하나, 멈추어 있으나, 바람에 떠밀려 간다한들 거기서 거기입니다. 또는 무한히 펼쳐져 있는 사막의 한 가운데나, 아마존의 정글 가운데 우리가 있다고 합시다.

그런 공간에서는 방향성이 없고 시작과 끝이 없으며, 무의미한 연속만이 있을 뿐입니다. 반면에 비균질적 공간이란 똑같지 않은 공간, 즉 특별한 공간이라는 의미입니다. 특별한 공간은 구별되는 공간이기도 합니다. 특별한 공간은 그저 그런 균질적 공간과 구별되는 곳입니다. 그렇게 구별되는 이유가 무엇입니까? 그곳은 균질적 공간의 수평을 돌파하는 거룩한 존재와 접촉이 이루어지는 공간이기 때문입니다.

저는 뉴욕의 맨허턴을 걷다가 성 패트릭 성당 안에 들어서는 순간 전혀 다른 세계가 펼쳐지는 것을 체험한 적이 있습니다. 번잡하고 소란스러운 시내와 분리된 색다른 공간에 접어 들어섰기 때문입니다. 고요함, 초의 향기, 낮게 들려오는 파이프 오르간 연주소리, 등 건물 밖과는 전혀 이질적인 공간입니다. 이 공간이 거룩한 공간이 될 수 있는 것은 그 안에 거룩한 존재와의 만남과 교섭, 혹은 거룩한 존재의 임재가 있기 때문입니다.

거룩한 존재는 세속적 공간에 수직적 초월성을 제공함으로써, 수평적 존재양식에 돌파를 불러 옵니다. 성 패트릭 성당 안에는 십자가가 놓여 있으며, 강대상 위에는 성경이 펼쳐져 있습니다. 십자가나 성경, 성찬식과 같은 종교의식은 거룩한 존재와의 교섭을 가능하게 하고, 그 결과 방향성이 없는 대도시에 방향성과 의미와 질서를 부여하는 셈이지요.

미국에서 여행을 할 때, 호텔의 서랍을 열어 보면 성경책이 있는 경우가 종종 있습니다. 호텔이라는 지극히 세속적인 공간에 거룩한 하나님의 말씀이 기록된 성경이 놓여 있으므로, 진지한 기독교인은 그 성경을 통해 세속적 공간이 거룩한 공간으로 변모되는 것을 체험할 수도 있겠지요. 인간의 신체가 세속적 공간이라면, 수녀들이 목에 두르는 십자가 목걸이는 몸이라는 세속적 공간을 거룩한 공간으로 변화시키고자 하는 소망을 반영하기도 합니다. 즉, 십자가를 목에 건 수녀는 자신이 걸어 다니는 교회가 되는 셈입니다.

이런 방식으로 세속적인 공간을 거룩한 공간으로 바꾸는 것을 공간적 카오스를 코스모스화 한다고 합니다. 유럽인들이 남미를 정복할 때, 그들이 점령하는 미지의 땅은 카오스의 공간입니다. 종교적 인간은 의미와 방향성이 없는 공간에서 생산적이고 가치 있는 활동을 할 수 없지요. 그래서 기독교도들이 새로운 땅을 점령할 때는 십자가를 든 신부가 함께 나아가며 점령지에 교회를 먼저 건축합니다. 그렇게 하여, 미지의 세속적 공간에 내재하는 카오스를 코스모스로 바꾸려고 하지요. 그들이 믿는 거룩한 신의 임재를 통해서 말입니다.

카오스적인 공간을 코스모스화된 공간으로 바꾸고자 하는 인간의 염원은 유사 종교적 형태를 띠고 나타나기도 합니다. 직장은 가정과 대비하여 카오스적인 공간입니다. 상징적으로 말하자면 먹잇감을 사냥하는 일종의 정글과 같은 공간입니다. 사무실 책상위에 놓여진 가족 사진은 직장의 세속적 공간을 가정의 코스모스화된 공간으로 바꿉니다. 집들이 의식이라든지 새집을 짓기 전에 돼지머리를 올려놓고 고사를 지내는 것도 새롭고 낯선 공간을 친숙하고 질서 있는 공간으로 변환시키는 방식이라고 볼 수 있습니다. 운전대 곁에 묵주나 십자가를 놓는 경우도 이와 마찬가지의 의미로 해석할 수 있겠지요.

고대 인도에서 새로운 건축물을 지을 때, 대목수는 건축을 지을 대지 위에 큰 막대기를 먼저 박는데, 이는 그 대지에 있는 뱀의 머리를 막대기로 찔러 죽여, 뱀으로 상징되는 카오스를 수직적인 형태의 막대기가 상징하는 코스모스로 변화시키는 것이라고 합니다. 수직적인 형태는 지상, 천상, 지하가 서로 교통하는 접점을 상징합니다. 이 때 막대기는 축의 형태를 지니는데, 이 수직적 형태는 하늘의 거룩함과 교통함으로써, 수평적 무질서를 극복합니다. 우주의 축을 중심으로 집이나 사원을 짖기 때문에 그 건물은 코스모스화된 건축물이 되는 셈입니다. 엘리아데는 코스모스화된 공간에 살기를 원하는 것은 종교적 인간의 본성이라고 봅니다.

> 우리에게는, 종교적 인간은 가능한 한 세계의 중심에 가까이 살기를 추구한다는 것이 불가피한 결론으로 보인다. 그는 그의 나라가 대지의 가운데 부분에 놓여 있다고 생각하며, 또 그의 도시가 우주의 배꼽을 구성한다고 여기며, 무엇보다도 그 사원 혹은 그 궁전이 바로 세계의 중심을 이룬다고 믿는 것이다. 그러나 또한 그는 자신의 집이 중심에 놓이고 세계의 모형이 되기를 바라기도 한다. 그리고 우리가 앞으로 보게 되듯이 실제에 있어 집들은 세계의 중심에 있는 것으로 간주되며, 소우주적인 규모에서 우주를 재현하는 것으로 여겨진다. 달리 말하면 전통사회의 인간은 오로지 위를 향하여 알려진 공간, 지평의 돌파가 상징적으로 보증되고, 다라서 다른 세계, 즉 초월적 세

계와의 교섭이 제의적으로 가능해지는 공간에서만 살 수가 있는 것이다. 물론, 성전(聖殿)—두드러지 중심—이 거기, 그와 가까운 곳에, 도시 안에 있으며, 그는 단지 사원에 들어가는 것만으로도 신들의 세계와 접촉한다는 것을 확신할 수 있다. 그러나 그는 언제나 그 중심에서 살아야 할 필요성을 느낀다—마치 우리가 앞에서 본 것처럼 중심에서 결코 멀리 떨어지지 않고, 또 초지상적인 세계와 계속 교섭을 유지하기 위하여 언제나 거룩한 기둥, 세계의 축(axis mundi)을 가지고 다니던 저 아칠파인들과 같이 말이다. (〈성과 속〉 39-40)

질문3: 성현은 무엇입니까?

한자로 성현(聖顯)이란 "거룩함이 드러난다"라는 뜻을 가지고 있고, 영어로는 "hierophany"라고 하는데 이 단어 역시 거룩함이라는 "hiero"와 드러남이라는 의미의 "phany"의 합성어입니다. 거룩한 것이 세속적인 영역에 속한 구체적인 대상을 통해 드러나는 현상을 종교학자들은 성현이라고 부릅니다. 이 때 거룩한 실체와 접촉되는 사물이나 인간이 지닌 외형적 형태는 변치 않지만, 그들이 지닌 본래의 세속성은 상실되고 질적인 차원의 변모를 겪게 됩니다. 이것은 그 사물이나 인간이 거룩한 에너지를 일시적으로 소유하게 된 결과입니다.

성현은 고대로부터 이어지는 가장 근본적인 종교현상으로 볼 수 있습니다. 토테미즘에서는 어떤 특정한 동식물에 거룩함을 덧 입혀 그것을 숭상하기도 합니다. 힌두교에서는 소를 거룩하게 여기기도 하지요. 식물이나 나무에게도 성현이 일어납니다. 프레이저의 인류학 저서 제목으로 유명한 〈황금가지〉도 거룩한 특성이 나뭇가지에 깃들어 그 가지가 거룩함을 뜻하는 황금빛을 띤 가지가 된다는 뜻입니다. 모세가 사막에서 본 불타는 가시덤불은 전형적인 성현이라고 볼 수 있지요. 사막에서의 가시덤불은 건조하기 때문에 1, 2초만 되면 전소됩니다. 하지만 성경의 출애굽기에 기록된 바에 의하면, 그 가시덤불이 타지 않고 불이 붙은 것이 신기해서 가까이 가보니, 그 안에서, "가까이 다가오지 마라. 이곳은 거룩한 장소이니 너의 신발을 벗어라"라는 하나님의 음성을 듣게 됩니다. 즉, 그것은 일반적인 가시덤불이 아니라, 하나님의 거룩함이 그것을 통해 현존하기 때문에, 속된 인간인 모세의 경박한 호기심으로 접근해서는 안 된다는 경고이기도 합니다.

성현에는 성과 속의 변증법, 혹은 거룩함의 이중성이 잘 드러납니다. 이는 성과 속이 어떻게 관계하는 가를 잘 보여줍니다. 원래 성과 속은 각자의 영역에 분리되어 존재해야 합니다. 존재의 지평이 원래 다르니까요. 거룩함이라는 히브리의 어원에는 분리(separation)라는 의미가 들어 있습니다. 즉, 유대교 신자에게 "하나님이 거룩하듯이 하나님의 백성도 거룩해야 한다"고 말한다면, 그 말의 의미는 세속적인 것으로부터 자신의 존재와 삶을 구별하고 분리하라는 의미입니다. 따라서 성과 속은 서로를 위해 분리된 공간에 존재해야 합니다. 성은 속으로의 오염을 방지하기 위해서, 속은 성과 잘못 접촉함으로써 발생할 수 있는 치명적 위험으로부터 자신을 보호하기 위하여 서로가 분리되어야 하기 때문입니다. 마치, 신과 인간이 하늘과 땅의 차이만큼 분리되어 있듯이 말입니다.

하지만, 성과 속의 변증법은 이 두 영역의 만남이라는 독특하고 예외적인 상황과 그 결과를 보여 줍니다. 성현은 거룩함이 속된 것에 접근하는 방식을 말하며, 예배와 종교의식은 속된 것이 거룩한 것에 접근하는 방식을 설명합니다. 성현이 발생할 때, 성과 접촉한 사물은 외형적 모습은 그대로 유지하지만 본래의 속성을 완전히 상실하고 새로운 존재나 용도로 변모합니다. 이것이 역설이지요. 이블린 언더힐이라는 신비주의자는 그의 글에서, 고결한 영혼, 곧 신비주의자의 영혼은 빨갛게 달아오른 쇠와 같다고 했습니다. 불과 접하지 않은 쇠는 차갑고 검은 쇠입니다. 하지만, 불길, 곧 거룩한 에너지와 만난 쇠는 뜨겁게 달아 오른 쇠가 됩니다. 이때, 쇠의 외형적 속성은 변하지 않습니다. 쇠는 영원히 불이 될 수 없으니까요. 하지만 달아 오른 쇠는 본래의 내적 속성을 잃어버리고 불의 속성을 지니게 됩니다. 성현도 이와 마찬가지입니다. 거룩한 신과 접촉한 대상은 그것이 사물이든지 동물이든지 인간이든지 그 대상 자체가 신이 되는 것은 아닙니다. 하지만, 그 대상은 신의 거룩한 속성을 지니게 된다는 말입니다.

이와는 반대의 방향으로 속된 인간이 거룩한 신에게 접근해 나아가는 방식을 예배나 종교의식이라고 합니다. 거룩한 존재에 속된 존재가 접근해 나갈 때에는 언제나 극도의 조심이 요구됩니다. 거룩한 것은 자신의 거룩함이 오염되는 것을 지키기 위하여 속된 것을 물리치거나 파멸시키기 때문입니다. 수천 볼트의 전류가 흐르는 변압기에 접근하는 인간을 상상하면 되겠습니다. 따라서 속된 존재는 가능한 자신을 최대한 정화시킬 필요가 있습니다. 천지신명에게 기도하기 위해서, 옛날 어머니들이 취한 몸가짐을 기억해 보세요. 어머니는 목욕재계 하고 흰 옷을 입고 정화수를 떠놓고 고향을 떠난 자식을 위해 천지신명께 빕니다.

엘리아데가 말한 성과 속의 변증법이란, 각자를 위해 분리되어 있어야 하는 성과 속이 어느 순간 만나고 교류하는 것을 의미합니다. 성을 正, 속을 反이라고 한다면, 성과 속의 만남을 合이라고 볼 수 있는 셈이지요. 종교 활동이란 바로 이러한 성과 속의 만남과 교류를 위해서 존재합니다. 우리가 신이라고 부르는 존재는 바로 성입니다. 그리고 속이 성과 교류하기 위해서 금지해야하는 육체적 혹은 정신적 제반 활동을 타부라고 합니다. 금기(禁忌)사항이라고 번역되지요. 이처럼 타부라는 말은 원래 종교적인 기원을 갖고 있습니다.

> 금기조항들은 그 두 영역을 격리시킴으로써 재난으로부터 그것들을 보호하게 하는 그 역시 필수불가결한 장벽을 그들 사이에 세운다. 그것이 바로 보통 '터부(tabou)'라는 폴리네시아 이름으로 지칭하는 금지조항들이다. 뒤르켐은 다름과 같이 쓰고 있다. "사람들은 터부라는 이 말로써 초자연적인 원리를 갖고 있다고 여겨지는 하나의 사물이나 그런 사물들의 한 범주, 그리고 바로 이러한 특성을 갖지 않거나 설령 갖고 있다 하더라도 동일한 정도로 그런 특성을 갖지 않는 다른 사물들, 그 둘 사이의 모든 접촉을 막음으로써 마술적인 전염이 초래하는 위험한 결과들을 예방하고자 하는 일련의 의식적(儀式的)인 금지조항들을 가리킨다." 터부는 하나의 소극적인 단언적 명령으로 제시된다. 그것은 언제나 하나의 방어적 역할을 할 뿐 결코 처방이 될 수 없다. 그것은 그 어떤 도덕적 이유로도 정당화되지 않는다. 단지 그것이 법이며, 그것이 허용된 것과 허용되지 않은 것을 절대적으로 규정짓는다는 그 단 하나의 이유로 그것을 위배해서는 안 되는 것이다. 터부는 계획된 이 세계를 보전하는 것과 동시에, 그 보전을 준수하는 존재의 육체적·정신적 건강을 유지하도록 되어 있다. (〈인간과 성〉 29)

그렇다면, 왜 이렇게 복잡하고 위험한 성과 속의 관계가 인간에게 필요할까요? 엘리아데나 오토, 카이유와와 같은 종교학자들은 인간이 성과의 접촉을 필요로 하기 때문이라고 합니다. 속된 존재는 자기 스스로를 창조할 능력도 없을 뿐만 아니라, 창조된 자신을 지속적으로 유지할 능력도 없다고 봅니다. 즉, 거룩한 존재만이 스스로를 창조하고 스스로를 영원히 유지할 수 있다고 보는 셈이지요. 거룩한 것만이 자류적이라고 말합니다. 자신의 기원을 자기 자신 속에 지닌 존재를 자류적(自類的)인 존재라고 합니다. "여호아"라는 하나님의 명칭은 "나는 나다"(I am that I am)라는 뜻의 히브리어 말입니다. 스스로 존재하는 자라는 의미이지요. 속된 존재는 존재론적으로 파생적이며 의존적입니다. 비유를 하자면, 인간의 존재는 핸드폰의 배터리 같은 존재입니다. 생명의 에너지는 무한하지 않고 언젠가 방전됩니다. 배터리를 충전하듯이 인간은 거룩한 에너지를 충전할 필요가 있습니다. 신은 세상의 창조와 유지를 위해 무한한 전력을 공급하는 자가 발전기에 비교할 수 있을지도 모릅니다. 바로, 이런 이유로 종교적 인간은 자신을 새롭게 충전하기 위해 거룩한 존재와의 정기적인 만남을 바랍니다. 즉, 거룩한 존재가 속된 존재를 필요해서라기보다는 세속적인 존재가 거룩한 존재와의 만남을 간절하게 요청하기 때문입니다.

질문4: 우주의 축이 도대체 무엇입니까?

우주의 축이란 천상과 지상과 지하의 삼계가 만나는 수직적 형태의 축을 의미합니다. 그리고 이 우주의 축이 수평적 대지를 관통하는 지점을 대지의 배꼽, 옴파로스(Omphalos)라고 합니다. 우주의 축을 제대로 설명하기 위해서는 앞에서 배운 성과 속의 변증법을 이해할 수 있어야 합니다. 거룩한 공간과 세속적 공간은 분리되어 있습니다. 하늘과 땅이 분리된 것처럼 말입니다. 하지만 우주의 축을 통해서 거룩한 하늘과 세속적인 대지는 연결되어 있기도 합니다. 마치 어머니와 태아가 탯줄로 연결되어 있듯이 거룩한 공간과 세속적 공간은 우주의 축으로 연결되어 있다고 보는 것이지요. 아기의 배가 세속적 공간이라고 상상한다면, 그 배꼽은 세상의 축(Axis Mundi)라고 상상할 수 있겠지요. 우주의 축, 혹은 세상의 축과 관련된 개념은 모든 신화와 종교에 공통적인 현상입니다.

> 이러한 관념은, 천상계와의 직접적인 교통을 가능하게 한다는 신앙과 관련되는데, 이러한 신앙은 세계 어느 곳에서든 쉽게 찾아볼 수 있다. 이 교통은 대우주적 차원에서는 축(나무, 산, 기둥 등)을 통해서 표현되고 소우주적 차원에서는 집 중앙의 기둥이나 천막 천장에 뚫려 있는 구멍을 통해서 표현된다. 말하자면 인간의 모든 주거는 "세계의 중심"을 향해 열려21) 있으며 제단이나 천막이나 집은 모든 차원에서의 돌파구, 따라서 천상으로의 상승을 가능케 하는 매개물임을 뜻하는 것이다. 고대문화에서 하늘과 땅의 통로는 일반적으로 천상의 신들에게 공물을 바치는 데 사용되는 통로이지, 인간의 승천을 위한 통로는 아니다. (〈샤마니즘〉 246-247)

사실, 종교학에서 인간의 몸은 대우주의 구조를 상징적인 형태로 담고 있다고 보아 소우주 (microcosm)라고 부르기도 하지요. 어쨌든 우주의 축은 수직적인 형태를 띠고 있다고 보면 되고, 우주의 배꼽은 천상과 접점을 가진 지상에 있는 한 점 혹은 작은 공간이라고 보면 됩니다. 둘 다 세속적인 공간과 거룩한 공간이 만나고 교섭하는 공간이라는 점에서는 동일하게 성과 속의 변증법이 발생하는 지점입니다. 창조신화를 보면, 태초에는 세속적인 공간과 거룩한 공간이 하나로 연결되어 있었다고 합니다. 예를 들어 에덴동산은 하나님과 인간이 함께 거닐 수 있는 공간이었습니다. 하지만 어떤 결정적인 계기를 통해 세속적인 공간과 거룩한 공간이 완전히 분리되었습니다. 따라서 우주의 축은 분리된 두 공간을 하나의 축으로 연결시켜주는 일종의 사다리와 같은 존재라고 볼 수 있습니다.

유대교의 신화에 등장하는 야곱의 사다리는 전형적인 우주의 축의 이미지를 갖고 있습니다. 창세기를 보면, 형 에서로부터 도망친 야곱이 지친 나머지 길 위에서 돌을 주워 베개로 삼아 잠이 듭니다. 꿈속에서 그는 자신이 베고 잠든 돌 위에 사다리가 걸쳐있고, 사다리의 맨 위에는 하나님이 보좌가 있었으며, 사다리 위를 하나님의 천사들이 오르내리는 것을 보았다고 합니다. 이때, 야곱의 돌베개는 대지의 배꼽, 사다리는 우주의 축이라고 볼 수 있지요. 오랜 세월이 흐른 후, 유대인들은 이 바위 위에 예루살렘 성전을 짓습니다. 이 때 예루살렘 성전은 곧 우주의 배꼽이며, 동시에 우주의 축이 되는 셈입니다. 그 공간에서 하나님과 이스라엘 백성이 만날 수 있기 때문이죠. 기도는 사다리를 타고 하늘로 올라가고, 기도에 대한 하나님의 응답 역시 사다리를 타고 내려옵니다. 따라서 예루살렘 성전은 이 지상에서 하나님과 만날 수 있는 유일한 공간이라고 유대인들은 믿습니다. 이스라엘인들이 성전이 위치한 예루살렘에 현대의 이스라엘을 건국한 것은 바로 그러한 이유입니다.

종교적 전통이 있었던 대부분의 사회에는 우주의 축을 상징하는 것이 그 사회의 중심에 위치하였습니다. 공동체의 중심은 언제나 거룩한 존재와의 교섭을 통해서 절대적 생명력과 권위와 질서와 방향성을 유지할 수 있었기 때문입니다. 그것은 거대한 형태로 혹은 작은 형태로 존재합니다. 티베트에서는 에베레스트 산이 우주의 축이라고 합니다. 가장 높기 때문에 자연스럽게 우주의 축의 자격을 갖게 되지요. 신과 가장 가까운 위치에 있으니까요. 이런 점에서 각 나라의 대표적인 산들은 우주의 축의 역할을 합니다. 중국의 태산이나 일본의 후지산, 우리나라의 백두산 역시 이 같은 우주의 축의 기능을 합니다. 중세도시의 중심에 위치한 성당 역시 이 같은 우주의 축의 기능을 합니다. 고딕 양식의 성당이 왜 수직성을 강조했는지 이제 알 것 같지요. 바티칸 성당이나, 쾰른 성당의 첨탑위에 놓인 십자가는 전형적인 우주의 축의 상징이 될 수 있습니다. 십자가는 성당에서도 가장 높은 곳에 위치합니다. 하늘에 가장 가까울 때, 거룩한 하나님과의 교섭이 더욱 용이하다고 믿었기 때문입니다.

질문5: 우주수의 개념은 무엇입니까?

우주수(宇宙樹)의 개념은 우주의 축과 그 형태상 유사합니다. 우선 나무는 수직적인 형태를 띠고 있기 때문입니다. 또한 그 나뭇가지의 끝은 하늘을 향해 뻗어 있고, 나무 둥치는 이 세상에 그리고 나무의 뿌리는 지하에 위치하고 있습니다. 우주의 축이 천상과 지상과 지하의 삼계를 이어준다고 했을 때, 나무 역시 그 형태에 있어서 상징적으로 하늘과 땅과 지하를 연결시켜 준다는 점에서 우주의 축과 유사한 기능을 합니다. 다만, 여기에는 생명력이라는 차원이 더해집니다. 우주의 축은 사다리와 같이 매개적인 사물을 가르칠 때가 많습니다. 하지만 나무가 지닌 생명력과 긴 수명, 그리고 각 부분의 유기적 연결 때문에 우주수의 개념은 생명의 기원과 관계되어 있습니다. 여러분은 다윈의 종의 기원이라든지, 가계도의 형태가 나무의 형태를 지니고 있다는 것을 알고 있습니까? 하나의 뿌리에서 수많은 가지를 쳐나가며 진화 발전하는 특징을 보여줍니다. 그렇기 때문에 우주수는 다양한 신화에 등장하여 생명력, 영원성, 불사의 이미지를 부여합니다.

> 나무의 이미지는 단지 코스모스만이 아니라 생명, 청춘, 불멸성, 지혜들을 표현하기 위해서도 선택되었다. 게르만 신화의 이그드라실과 같은 우주의 나무에 덧붙여서 생명의 나무(예컨대 메소포타미아), 불멸의 나무(아시아, 구약성서), 지혜의 나무(구약성서), 청춘의 나무(메소포타미아, 인도, 이란), 기타 등등이 종교서에 기록되어 있는 것이다. 달리 말하면 나무는 종교적 인간이 탁월하게 실재적이고 거룩하다고 간주하는 모든 것, 신들이 그 본성으

> 로서 지니고 있는 특권을 지닌 개인들, 영웅들, 반신(半神)들만이 드물게 접근할 수 있다고 알고 있는 모든 것을 표현하는 존재가 된다. 이 때문에 젊음 혹은 불멸성에 대한 탐색의 신화들은 황금의 열매 또는 기적의 잎을 가진 나무, '먼 나라'에서(사실은 다른 세계에서) 자라고 괴물들(그리핀, 용, 뱀)에 의해 경호되는 나무에 특별한 위치를 부여하는 것이다. (〈성과 속〉 133)

유대교, 힌두교, 북부유럽의 종교적 전통에서는 우주를 하나의 거대한 살아 있는 나무로 보기도 합니다. 우주는 그저 생명이 없는 사물이 아니라, 살아있는 거대한 생명체이며, 그 안에 존재하는 모든 존재는 하나의 뿌리를 가진 수없이 많은 가지처럼 서로 유기적으로 연결되었다고 본 것입니다. 따라서 우주수는 생명의 무한한 원천으로 간주됩니다.

> 이 세계수의 상징체계에는 몇 가지 종교 관념이 녹아 있다. 세계수는 끊임없이 재생을 반복하는 우주를, 우주적 생명의 무한한 원천을, 거룩한 것을 갈무리하는 신성한 저장고(천상의 거룩한 모든 것을 수용하는 "중심"에 있으므로)를 상징하는가 하면, 천상의 천국 혹은 현세의 천국을 상징하기도 한다. (〈샤마니즘〉 251)

우주수는 또한 창조 신화에 자주 등장합니다. 예를 들어 유대인의 창조 신화를 보면, 에덴동산의 중심에 우주수가 있었다고 합니다. 그런데 선과 악의 개념이 분명한 이 종교에서는 서로 대립되는 두 그루의 우주수가 그 동산의 중심에 있었다고 합니다. 생명의 나무와 지식의 나무입니다. 하나님은 최초의 인간 아담과 하와에게 동산의 모든 과실은 먹어도 좋지만 지식의 나무에 열리는 열매만은 먹지 말라고 명령하였습니다. 이같은 낙원의 이미지는 야쿠트인들의 신화에도 등장합니다.

> 결국 세계수는 스스로 살아 있는 나무, 생명을 주는 나무인 것이다. 야쿠트인은 "세상의 황금 배꼽"에 가지가 여덟 개인 나무가 자라고 있다고 믿는다. 이 나무가 자라고 있는 "세상의 황금 배꼽"은 원초적인 낙원이다. (《샤마니즘》 252)

신화에서 다른 것은 다 괜찮지만 어떤 하나만 하지 말라고 하면, 인간은 대체로 허락된 것을 하지 않고 단 하나의 금지된 행위를 하지요. 그래서 이브는 지식의 나무에 매달려 있는 뱀의 유혹을 이기지 못하고 금지된 열매를 먹었을 뿐 아니라, 남편인 아담에게도 그 열매를 먹게 합니다. 그것이 최초의 범죄, 기독교에서 말하는 원죄라고 합니다. 그 열매를 먹고 난 인간은 에덴동산에서 추방됩니다. 거룩한 공간과 세속적 공간이 영원히 분리되는 순간입니다. 에덴동산에서의 추방은 생명의 나무로부터의 추방이기도 합니다. 생명나무의 열매를 더 이상 먹을 수 없는 인간은 대신 죽음을 맛볼 수밖에 없는 존재가 되었다고 합니다. 이 신화는 죽음이 어떻게 인간에게 들어왔는가를 설명합니다. 이 같은 점에서 보면, 추방된 인류는 지식의 나무와 연결되어 있으면, 생명의 나무와 단절된 존재라고 볼 수 있습니다. 어쩌면, 원죄는 인류의 뿌리인 아담과 그로부터 파생된 수많은 가지인 후손을 이어주는 우주수의 수액일지도 모릅니다.

예수의 탄생과 십자가상의 죽음 역시 우주수의 관점에서 볼 수 있습니다. 결론부터 이야기 한다면, 십자가가 곧 에덴동산의 생명의 나무이며, 예수의 피와 살이 이 나무의 열매라는 논리입니다. 생명수의 과일은 선악과의 독에 대한 유일한 해독제가 되는 셈이지요. 예수는 자신을 우주수에 비유하는 설교를 하였습니다: "나는 포도나무고, 너희는 가지이니 너희가 내안에 그리고 내가 너희안에 거하면 많은 열매를 맺을 것이다". 이런 점에서, 중세의 어떤 화가는 십자가상에 못박힌 예수를 에덴동산의 중심에 위치한 생명나무의 열매로 그렸습니다. 또한 자신을 기념하여 자신의 살과 피를 먹고 마시라고 하였던 예수의 말은 성찬식의 제의로 전승되었습니다. 성찬식의 본질은 예수의 피와 살을 상징하는 포도주와 빵을 먹는 것입니다. 이는 생명나무의 열매인 예수를 먹고 영생을 얻는다는 의미로 해석될 수 있습니다. 우주수에 대한 기독교의 신화는 인간이 한 때는 하늘과 자유롭게 교통하였다는 태초의 이야기를 담고 있습니다. 그러나, 그 교통이 단절된 이후에 하늘에 상승하기 위해서는 특별한 종교적 제의가 필요합니다. 이같은 점에서 성찬식은 천계상승의 제의로 볼 수 있습니다.

> 우리는 앞 장을 통하여, 우주수의 신화와 상징체계가 "세계의 중심" 그리고 땅과 하늘과 지하계가 서로 만나는 지점에 대한 관념을 함축하고 있음을 알게 되었다. 아울러 샤만적 이데올로기와 기술에서 가장 중요한 몫을 하는 "중심"의 상징체계가 사실은 샤마니즘 이상으로 넓게 퍼져 있고 또 시대적으로도 훨씬 앞선다는 것도 알게 되었다. "세계의 중심"의 상징체계는, 하늘과 땅, 신들과 인간과의 교통이 가능했을 뿐만 아니라 전인류에게 도달 가능한 범위 안에 있던 태초의 신화와 떼려야 뗄 수 없는 관계를 맺고 있다. 우리가 검토한 신화는 모두 이 원초적인 옛날 옛날 한 옛날을 언급하고 있었다. 그러나 그중에는, 이 교통이 끊긴 다음에도 영웅이나 군주나 요술사가 이룩하는 천계상승을 다룬 신화도 있었다. 즉 이러한 신화는, 특권층이나 선

택된 사람들은 원시반본(原始返本)이 가능하고, 인간 "타락" 이전의 하늘과 땅의 교통이 끊기기 전의 낙원적인 순간으로 되돌아갈 수 있음을 뜻한다. 샤만이 속하는 곳은 바로 이런 특권층 혹은 선택된 계층이라는 범주이다. 나무나 사다리 같은 것을 타고 천계로 올라갈 수 있는 것은 이들뿐만이 아니다. 다른 특권층(군주, 영웅 혹은 입문의례를 치른 자)도 샤만의 경쟁 상대가 될 수 있다. 샤만은 특별한 기술을 지니고 있기 때문에 이 특권층과는 다르다. 그 기술이 바로 접신술이다. 앞에서 말했다시피 샤만의 접신은 "타락" 이전의 인간 조건으로 돌아감을 뜻한다. 다른 말로 하자면 샤만은, 여느 사람은 죽어야 도달할 수 있는(베다 시대 인도의 공희제와 비교해보면 알 일이지만, 의례를 통한 천계상승은 상징적이다. 그러나 샤만의 천계상승은 구체적이다.) 원초적 "상황"을 재구성한다. (〈샤마니즘〉 420-421)

"세필로트"나 "이그드라실"을 들어 보셨습니까? 그것은 거꾸로 선 나무입니다. 거꾸로 선 나무는 유대교의 신비전승인 카발라와 북유럽 신화에 등장합니다. 이 두 신화에서도 거꾸로 선 나무를 생명의 나무라고 합니다. 일반적으로 나무는 그 뿌리를 지하에 두고 하늘을 향해 자라납니다. 하지만, 거꾸로 선 나무는 그 뿌리가 하늘에 있고, 그 가지나 열매가 지상에 닿아 있습니다. 여러분이 그 가지가 됩니다. 상징적으로 말하면, 거꾸로 선 나무와 연결된 것이 지상의 나무보다 훨씬 바람직합니다. 왜냐하면 나의 존재의 기원이 하늘, 곧 거룩한 뿌리와 연결되어 있다는 말이 되니까요. 나무는 하늘을 향해 자라나지만 결코 하늘에 닿을 수가 없습니다. 하늘, 혹은 거룩한 근원에 결코 닿을 수 없는 인간의 존재론적 한계를 보여줍니다. 하지만 신화에 등장하는 거꾸로 선 나무는 이 같은 한계를 전복시킵니다. 보잘 것 없이 보일 지도 모르는 나의 존재는 하늘에 뿌리를 내리고 있는 우주수의 거룩한 생명력과 연결되어 있기 때문이지요. 이처럼 우주의 나무는 우리에게 무한한 신화적 상상력을 제공합니다.

질문6: 거룩한 공간이 왜 저에게 필요합니까?

만일 당신이 세속적 공간에서 만족한다면 거룩한 공간은 당신에게 필요 없습니다. 따라서 거룩한 공간의 필요성을 논하기 보다는 세속적 공간의 특징을 살펴보기로 합시다. 엘리아데는 세속적 공간을 균질적 공간(homogeneous space)이라고 하였습니다. 그 말의 의미는 어디를 가나 똑같은 공간이라는 의미입니다. 이 같은 공간을 이미지로 설명해 보겠습니다. 여러분이 망망대해에서 나침반도 없이 표류하고 있다고 가정합시다. 동서남북을 모릅니다. 그리고 하루를 가도, 이틀을 가도 똑같은 바다 위입니다. 혹은 사하라 사막에서 길을 잃었다고 상상합시다. 그대로 서 있으나 한 시간을 걸으나, 뒤로 가보나 옆으로 가보나 동일합니다. 혹은 당신이 다람쥐라고 가정하고 쳇바퀴를 돌아봅시다. 1바퀴를 도나 100바퀴를 도나 당신은 동일한 공간에 있을 뿐입니다. 아무리 오랜 기간을 돌아도, 아무리 많은 횟수를 돌아도 그 위치는 질적으로 동일합니다.

한번은 제가 샌디애고에 있는 친구 집을 방문하였습니다. 그 친구의 집은 수백채의 똑같이 생긴 2층 집 아파트촌에 있었습니다. 새벽에 샌디애고의 바닷가를 산책하고 되돌아 왔을 때, 저는 길을 잃어 버렸습니다. 저는 번지수를 외우지 않고 집의 형태만을 기억하고 떠났기 때문입니다. 하지만, 번지수 외에 모든 아파트는 똑같이 생겼습니다. 첫 번째 집이나 열 번째 집이나 똑같았습니다. 모든 집들이 균질적인 공간이었기 때문이었습니다. 결국, 그 친구가 나를 찾을 때까지 저는 그의 아파트를 찾을 수 없었습니다. 다 똑같기 때문입니다. 지금까지 예를 든 공간이 바로 세속적인 공간입니다.

종교적인 인간은 끝없이 펼쳐진 균질적 공간을 견디어 낼 수 없습니다. 그곳은 질적으로 동일하며, 그 안에 방향성과 목적성이 없기 때문입니다. 세속적 공간은 그 공간의 동일성으로 인하여 방향성이 주어지지 않은 공간입니다. 시작도 끝도 없이 펼쳐져 있는 공간입니다. 이 공간에 방향성과 의미를 주는 공간이 바로 거룩한 공간입니다. 세속적 공간의 이미지로 적절한 것은 미로 같은 공간 이미지입니다. 미로에 갇히면 자신이 어디에 서 있는지 알 수 없습니다. 그리스 로마신화에서 아리아드네는 사랑하는 테세우스가 미로에서 탈출할 수 있도록, 출입구에 실타래의 첫 실마리를 묶어놓고 미로에 들어가도록 합니다. 테세우스는 미로의 중심에서 괴물 미노타우로스를 죽이고, 실을 되감아 미로의 출구를 찾을 수 있었지요. 이 미로 같은 것이 세속적 공간입니다. 미로의 출구는 세속적 공간으로부터 탈출이 가능한 특별한 공간, 곧 거룩한 공간인 셈입니다.

인간은 방향성이 없는 공간에서 오랫동안 머물 수 있는 존재가 아닙니다. 그래서 인간은 세속적 공간에 거룩한 공간을 도입해서, 세속적 공간에 방향성과 의미를 부여하지요. 거룩한 공간의 의미가 반드시 종교적 의미만을 갖는 것은 아닙니다. 특별하게 구별되는 장소도 어떤 사람에게는 거룩한 공간의 기능을 합니다. 예를 들면, 첫 사랑과 처음 만난 장소는 다른 장소와 구별되기도 합니다. 사랑의 강렬한 감정은 종교적 감정과 유사하기 때문에, 그 장소는 구별되고, 그 장소외의 모든 장소는 그에게는 의미 없고 그저 그런 공간이 될 수도 있습니다. 또는 고된 훈련을 받고 있는 병사에게 집은 거룩한 장소의 기능을 일시적으로 하지요. 이 때, 군대 내의 공간은 세속적 공간, 즉, 균질적 공간이 됩니다. 실향민에게는 고향이 거룩한 공간이 될 수 있겠지요. 고향 외의 모든 공간은 그저 스쳐 지나가는 의미 없는 공간이 될 수 있습니다. 세속적 공간은 방향성과 의미가 없다는 점에서 카오스의 공간이기도 합니다. 인간은 카오스의 공간을 코스모스의 공간으로 변화시키길 원합니다. 바로 그러한 이유 때문에 거룩한 공간은 필요하며, 거룩한 공간을 건축하는 것은 신과의 교섭을 위한 종교적 결단이 됩니다.

> 우리는 중심의 상징이 비단 국가, 도시, 사원, 궁전의 건축원리일 뿐 아니라 떠돌이 사냥꾼의 천막, 목자들의 유르트, 정착 농경민의 집 등등을 막론하고 가장 비천한 인간의 주거지에도 역시 건축원리로 작용하는 것임을 보았다. 이는 곧 모든 종교적 인간은 자신을 세계의 중심에 위치시키며, 동시에 절대적 실재의 원천 바로 거기에, 신들과의 교섭을 그에게 보장하는 출구로부터 가능한 한 가까운 곳에 위치시킨다는 뜻을 갖는다. 그러나 어떤 장소에 정주한다는 것, 어떤 공간에 거주한다는 것이 우주 창조의 반복, 그리고 따라서 신들의 작업의 모방에 해당하느니 만큼, 종교적 인간에게 있어서 공간 속에 자신을 위치시키는 모든 실존적 결단은 사실상 하나의 종교적 결단을 구성하게 된다. (〈성과 속〉 58-59)

거룩한 공간은 세속적인 공간에 기원과 시작과 의미와 방향성을 부여하는 특별한 장소를 의미합니다. 그래서 엘리아데는 이런 공간을 "비균질적(非均質的) 공간"이라고 불렀습니다. 이런 점에서, 거룩한 공간은 대지의 배꼽 같은 지점을 의미하지요. 태산같이 큰 거인의 배위에 서 있다고 가정합시다. 만일 그 거인의 배에 배꼽이 없다면, 내가 서있는 곳이 배의 어디쯤인지 알 수 없겠지요. 무한히 펼쳐진 은하수를 바라보았을 때, 인간은 동물과 달리 의미 없는 밤하늘을 견디어 낼 수 없습니다. 인간은 수억 개의 별들이 박혀있는 검은 하늘을 그저 수동적으로 받아들일 수 없었습니다. 그 별들을 이어서 별자리를 만들고, 그 별자리의 신화를 만들어 내지요. 그렇게 할 때, 그 별들은 의미를 갖게 됩니다. 밤하늘은 나에게 신과 인간 사이에 있었던 태초의 이야기를 전해 주는 친밀한 존재가 되는 셈이지요.

세속적인 공간은 자신의 무방향성과 무의미성을 돌파할 수 있는 그 어떤 특별한 공간을 그 안에 포함하지 않는 공간입니다. 인간은 이 같은 공간에서 영주하기를 원치 않습니다. 의미 있고 방향성이 있는 공간을 세속적인 공간에 도입하는 이유가 여기에 있습니다.

> 자기가 거주하기로 선택한 세계를 창조한다는 책임을 떠맡음으로써 그는 단지 카오스를 코스모스화할 뿐만이 아니다. 그는 자기의 작은 코스모스를 신들의 세계와 비슷하게 만듦으로서 그것을 성화하기도 하는 것이다. 종교적 인간의 심원한 향수는 '신적인 세계'에서 거주하려는 것이요, 자기의 집이 사원이나 성전에서 표현된 바 신들의 집과 닮게 하려는 욕망이다. 간단히 말해서 이 종교적 향수는 태초에 창조주의 손으로부터 새롭게 태어났을 때 그대로 순수하고 거룩한 코스모스에서 살려는 욕망을 나타내고 있는 것이다.

> 종교적 인간에게 있어서 거룩한 시간의 경험은 태초(in principio), 즉 창조의 신화적 순간 그대로의 코스모스를 주기적으로 경험하는 것을 가능케 한다. (〈성과 속〉 59)

호주의 원주민 아칠파인의 예를 들어 어떻게 세속적인 공간에 거룩한 공간을 도입하는지 살펴봅시다. 호주의 대평원에 사는 아칠파인들은 고무나무기둥을 가지고 이동합니다. 이동을 멈추고 어느 지점에 잠시 정착할 때, 그들은 먼저 그 기둥을 머무르는 장소의 중심에 세우고, 그 장소를 중심으로 임시 거처를 만들고 그 안에서 생활합니다. 그들의 신화에 의하면, 아칠파인들의 창조주는 고무나무를 타고 하늘에서 내려와 인간을 창조하고, 농사짓기 등의 문화를 가르쳐 주고난 후, 다시 그 나무를 타고 하늘로 올라갔다고 합니다.

즉, 그들에게 고무나무는 하늘과 지상을 이어주는 일종의 우주의 축인 셈이지요. 그들에게 이 고무나무는 무한히 펼쳐진 오지(Outback)라는 세속적 공간에 거룩한 공간을 도입하는 방식입니다. 고무나무 기둥이 꽂혀진 장소는 우주의 배꼽이며, 그 주변에서 그들은 방향성과 의미를 가지고 살 수 있는 것입니다. 또한 고무나무의 끝 줄기가 기울어지는 방향으로 그들은 이동을 합니다. 그것이 신이 가르쳐 주는 방향이기 때문입니다. 즉, 그 기둥은 자신이 서 있는 공간을 근원적인 공간과 연결시켜 주며, 세속적이며 균질적인 공간에 의미와 방향성을 제시합니다.

만일 그 고무나무가 벼락에 맞아 반 토막이 나거나, 고무나무를 잃어버리면 어떻게 될까요. 그야말로 엄청난 카오스가 그들을 덮치게 되겠지요. 그들은 무한히 펼쳐진 광야에서 길을 잃어버린 미아가 되어 버리는 것과 동일한 패닉상태가 됩니다. 하지만, 고무나무가 있는 한 그들은 최초의 창조주가 내려왔던 바로 그 특별한 장소에 서 있는 것입니다. 마음의 고향에 있는 셈이죠.

고대 유럽의 도시를 보면, 그 도시의 중심에는 언제나 성당이 위치합니다. 성당을 중심으로 도시가 지어진 것은 성당이 거룩한 공간이며, 이 거룩한 공간이 주변의 세속적 공간에 방향성을 제시하기 때문입니다. 스페인의 피사로가 잉카제국을 침략할 때도 십자가를 앞에 든 성직자들이 군대의 선두에 서고, 점령과 함께 교회를 세웁니다. 이교도의 땅, 곧 세속적 공간에 교회라는 거룩한 공간을 창조함으로써 카오스적 공간을 코스모스화된 공간으로 변화시키고자 하는 시도라고 볼 수 있습니다.

세속적 공간을 거룩한 공간으로 변화시키고자 하는 시도는 공간과 관련된 여러 가지 종교의식에서 볼 수 있습니다. 집을 건축하기 전에 돼지머리를 삶아 놓고 고사를 지내는 의식은 이제까지 낯선 대지를 초월적인 존재와 연결시킴으로써, 그 집터를 의미있고 특별한 장소로 변화시키고하는 시도입니다. 의미 있는 장소 위에 의미 있는 건축물을 세울 수 있고, 그 안에서 의미 있는 삶을 살 수 있으니까요.

미국의 공항에서 이따금씩 볼 수 있는 장면중 하나는 여고생들이 공항대합실에 베개를 안고 있는 장면입니다. 낯선 장소, 낯선 침대에서 자더라도, 나의 머리는 특별한 공간위에 놓인다는 것입니다. 집에 되돌아 올 때까지 그녀가 거치는 공간은 낯선 공간입니다. 하지만, 그녀는 집에서 늘 베고 자던 베개를 들고 다님으로서 낯선 공간에 친숙한 공간을 도입하는 셈이지요.

질문7: 거룩한 시간은 무엇입니까?

시간에 대해서 말하자면, 한 두권의 책으로도 답변을 하기 힘들 것입니다. 따라서 시간에 대한 가장 기초적인 개념을 설명하면서, 거룩한 시간에 대한 설명을 시작하도록 하지요. 일찍이, 어거스틴은 이런 말을 한 적이 있습니다: "그렇다면 시간이란 무엇인가? 만일 아무도 나에게 묻지 않는 다면 나는 시간이 무엇인지 안다. 하지만 나에게 시간이 무엇이냐 라고 묻는 사람에게 시간을 설명하고자 할 때, 나는 시간이 무엇인지 모른다". 시간에 대한 최초의 의미 있는 언급입니다. 그는 시간을 과거, 현재, 미래로 나누어 과거를 지나간 현재, 미래를 아직 오지 않은 현재, 현재를 미래가 과거가 되는 순간이라고 정의하기도 했습니다. 또한 하나님의 시간 속성을 빌려와 '영원한 현재'라는 개념을 생각하기도 하였습니다.

희랍어에서 시간은 두 종류의 상이한 시간의 속성을 구별합니다. 하나는 크로스노(Chronos)라는 일반적인 시간이고, 다른 하나는 카이로스(Kairos)라는 시간입니다. 크로노스는 기계적 시간의 연속적인 지속을 의미합니다. 시계를 영어로 chronometer 라고 부르는데 이는 크로노스를 측정하는 기구라는 뜻입니다. 카이로스는 특별한 시간, 의미 있는 시간, 새로운 기원이 되는 시간이라고 합니다. 크로노스는 그저 그런 시간의 지속을 의미합니다. 카이로스는 크로노스에 특별한 의미를 부여하여, 그때부터는 특별히 구별되는 시간이 시작되는 시간을 의미합니다.

서양력으로 올해를 2017이라고 부르지요. 그것은 예수라는 특별한 존재가 탄생한지 2017년이 흘렀다는 것입니다. 헤아릴 수 없기 긴 시간의 역사가 인류에게 있었겠지만, 예수의 탄생은 특별한 시간의 시작이기 때문에, 예수 탄생은 크로노스의 시간에 침투한 카이로스라고 할 수 있습니다. 서양에서 크리스마스를 그토록 특별히 지내는 것은 예수의 탄생은 크로노스가 아니라, 카이로스적 사건이기 때문이기도 합니다. 2017년은 단기로 4350년입니다. 단군이 우리 민족을 만든 지 4350년이 지났다는 뜻입니다. 인도, 중국, 일본 등 각 나라들도 그 나라 역사의 출발점이 되는 카이로스적 시간을 가지고 있습니다. 나의 생일을 기념하는 것 역시 한 개인의 카이로스를 기념하는 것이지요. 내 인생의 시간이 시작된 카이로스적 사건이니까요.

또한 시간은 객관적 시간과 주관적 시간으로 구별될 수 있습니다. 객관적 시간은 기계적 시간이라고도 부르는데, 그리니치 천문대의 시계를 기준으로 모든 사람들이 공유하는 시간입니다. 저는 이를 '사회적 시간'이라고 부르고 싶습니다. 객관적 시간이 없다면, 2명이상의 사람이 시간 약속을 할 수 없지요. 몇 시에 만나자라고 했을 때, 그 시간을 측정할 수 없으니까요. 이와는 달리 한 개인의 의식에서 진행되는 시간이 있습니다. 이를 심리적 시간이라고 부르기도 하고, 주관적 시간이라고도 부르지요. 혹은 체험적 시간이라고도 할 수 있겠습니다. 주관적 시간은 기계로 측정할 수 없는 시간입니다. 고통스러운 일을 하고 있을 때, 시간은 몹시 더디 가는 것같이 보입니다. 반면에 아주 즐거운 일을 할 때나 깊이 몰입하고 있을 때는 시간이 아주 빨리 가는 것처럼 인식합니다. 주관적 시간은 기계적 시간의 측정과 독립적으로 작동하는 것 같이 느껴집니다. 제 기억에 시간이 가장 늦게 흘러가는 것처럼 느낀 때는 한 겨울밤에 휴전선에서 보초를 설 때였습니다. 한 시간은 지났겠지 하고 시계를 보아도 기계적 시간은 5분도 채 흘러가지 않았으니까요.

에덴동산이나 천국에서는 어떻게 시간이 흘러갈까요? 화성이나 명왕성에서 작동되는 시계는 지구의 시계와 같을까요? 영원이라는 말은 시간을 초월한 다른 차원의 시간을 말하나요, 아니면 시간이 무한히 연장되는 개념일까요? 시간의 탄생과 죽음이 존재할까요? 영국의 천체물리학자 스티븐 호킹박사는 〈시간의 역사〉에서 시간은 빅뱅에서 탄생하였다고 합니다. 그렇다면, 시간이 존재하기 이전의 우주는 어떤 상태일까요? 시간이 존재하지 않는 우주를 상상할 수 있을까요? 아인슈타인은 빛의 속도보다 더욱 빨리 가면 과거로 갈 수 있다고 했습니다. 타임머신의 이론적 근거가 되는 말이었지요. 시간에 대한 질문이 이토록 많은 것은 인류가 영원히 이해할 수 없는 것이 시간의 신비라는 것을 말해 줍니다.

따라서 우리가 거룩한 시간과 세속적 시간을 논하는 것은 단지 시간의 종교적 측면만을 다룬다는 것을 먼저 염두에 두어야 합니다. 고대의 종교적 인간에게 있어서, 시간은 생명체와 같이 태어나고, 나이 먹고, 노쇠하여, 죽음에 이른다고 보았습니다. 기계론적 시간관에 익숙한 현대인에게 이같은 말은 잘 이해가 되지 않지요? 이를 쉽게 이해하기 위해 우리에게 친숙한 예를 들어 보겠습니다. 우리가 한 해(one year)라고 했을 때, 한 해는 1월 1일 탄생해서, 봄과 여름에 자라다가, 가을에 노쇠하여, 12월 31일에 사망합니다. 이제 이해가 됩니까? 많은 사람이 1월 1일에 새로운 결심을 합니다. 오염되지 않는 새로운 생명체를 맞이하는 것과 같은 기분 속에서, 오염되고 늙어 죽은 작년과는 완전히 구별되는 새로운 새해를 맞이하기를 원합니다. 엘리아데는 새해를 맞이하는 것은 창조의 시초에 다시 서는 것이라고 합니다. 이 때 지나간 시간은 소멸됩니다.

> 새해는 우주 창조를 재연하는 것이므로 거기에는 시간을 그 시초에서부터 다시 한번 출발시키는 것, 즉 천지창조의 순간에 존재하였던 원초적 시간, '순수한' 시간을 회복하는 것이 포함된다. 새해의 시작이 '정화'의 계기, 죄악과 마귀 혹은 단순히 속죄양을 추방하는 계기가 되는 것은 이 때문이다. 왜냐하면 그것은 단지 어떤 시간적 단위가 끝나고 다른 단위가 시작되는 것(근대인은 바로 이런 식으로 생각하지만)으로 그치지 않고, 지나간 해, 지나간 시간을 소멸시키는 일이 되기 때문이다. 사실 이것이 제의적 정화의 참뜻이다. 거기에는 단순한 '정화' 이상의 무엇이 있다. 즉 개인 및 공동체 전체의 죄와 과오가 마치 불에 태워지듯 무화되는 것이다. (〈성과 속〉 69-70)

이런 점에서 1월 1일은 한 해의 생일이고, 12월 31일은 한 해의 사망일입니다. 망년회나 송년회는 한 해의 장례식인 셈입니다. 친한 친구나 동료와 함께 코가 삐뚤어지게 술을 마시고 다사다난했던 한 해에 영원한 이별을 고하는 날입니다. 사람들은 어떻게든 지난 한 해와 새로운 한 해가 서로 뒤섞이지 않게 하려고 노력을 합니다. 연말연시는 죽음과 부활의 의식이 상징적인 형태로 재현되기 때문입니다. 망년회가 극단적 카오스로 흐르기 쉬운 이유는 한 해라는 세계의 종말을 나타나는 종교적 제의의 성격을 띠기 때문입니다. 엘리아데는 이렇게 설명합니다.

시간은 인간을, 사회를, 코스모스를 닮게 하였다—그리고 파괴적인 시간은 세속적 시간, 엄격히 말하면 지속에 다름아니다. 세계가 출현하고 '순수하며' '강력하고' 거룩한 시간에 멱감았던 저 신화적 순간을 재현하기 위해서는 그것은 소멸되어야만 한다. 세속적인 지나간 시간의 폐기는 일종의 '세계의 종말'을 나타내는 제의에 의하여 수행된다. 불의 사그러짐, 죽은 자들의 영혼의 복귀, 사투르날리아 제(祭)에서 예시되는 사회적 혼란, 성적 방종, 광란 기타 등등이 코스모스로부터 카오스에로의 퇴각을 상징한다. (〈성과 속〉 70)

반면에 새해의 첫 날속에서 우리는 거룩한 시간의 특징을 엿볼 수 있습니다. 거룩한 시간은 아직 오염되지 않은 무한한 가능성을 가진 순수한 시간의 특징을 가지고 있습니다.

새해가 올 때마다 인간은 그의 죄와 실패의 짐으로부터 벗어남으로써 더 자유롭고 더 순수해졌다는 느낌을 갖는다. 그는 천지창조의 신화적인 시간, 따라서 거룩하고 강력한 시간—그것이 거룩한 것은 신들의 현존에 의하여 변화되었기 때문이고, 그것이 강력한 것은 그것이 일찍이 수행된 가장 위대한 창조, 즉 우주의 창조에 오직 그것에만 소속해 있기 때문이다—에 다시 돌아간다. 상징적으로 인간은 우주 창조와 같은 시간에 있게 되며, 세계의 창조에 입회하는 것이다. 고대 근동의 경우 그는 심지어 창조에 실체로 참여하기까지 한다 (신과 바다의 괴물을 각각 나타내는 두 적대적인 그룹의 경우). (〈성과 속〉 71)

이와는 반대로 세속적 시간은 차츰 오염되며, 소멸의 운명을 가진 카오스적 시간을 의미합니다. 세속적 시간의 특징은 시간이 흘러갈수록 차츰 더 혼란스럽고 오염되고 타락한 시간이 됩니다. 세속적 공간이 거룩한 공간의 중심에서 멀어지면 멀어질수록 더욱 카오스적 공간이 되는 것과 마찬 가지로 세속적 시간 역시 거룩한 시간, 혹은 태초의 시간으로부터 멀어질수록 더욱 더 카오스적 시간이 됩니다.

우주의 세속적 시간에 엔트로피의 개념을 한번 도입해 볼까요? 시간이 지날수록 엔트로피는 증가한다고 물리학자들은 주장합니다. 엔트로피의 증가는 사용 불가능한 에너지 양의 증가를 의미합니다. 즉, 엔트로피의 증가는 시간의 흐름에 따라, 사용 가능한 에너지는 소진되어 결국 사용 불가능한 에너지만 남는다는 것입니다. 즉, 우주가 거대한 검은 연탄이라면 시간이 지날수록 연탄재가 차지하는 비율이 증가한다는 말입니다. 다 타버린 재가 100퍼센트가 되면 세상의 모든 에너지가 소진되었다는 표시가 되겠지요. 물리학자들은 시간의 지속과 함께 엔트로피가 증가한다고 하였습니다. 이것은 고대의 종교인들이 시간은 탄생하고 결국은 소멸된다는 주장과 원리적으로 비슷한 의미가 아닐까요? 우주가 다 타버린 연탄재처럼 되어 버린 상태가 된다면, 그 상황이 어떨까요? 아마 아무런 움직임도, 소리도, 빛도, 열도 없는 세계가 될 것입니다. 물론 시간의 흐름도 정지가 되겠지요. 왜냐하면, 움직임, 소리, 빛, 열, 시간을 작동하는 데는 에너지가 필요하기 때문입니다.

2012년 12월 21일 세상의 종말이 온다고 믿고 지하에 피난처를 만들고 비상식량을 준비한 사람들이 있었습니다. 이날은 마야력의 마지막 날이기 때문이었습니다. 우리의 칼렌다가 365일로 채워져 있다면, 마야력은 5125년의 주기로 채워져 있습니다. 그래서 마야력의 마지막 날에는 세상이 멸망한다고 믿었기 때문입니다. 1년의 마지막 날은 잘못된 선택과 후회스러운 에피소드의 축적으로 심히 오염된 날이어서, 우리는 한 해를 장사지내고 새로운 한 해의 탄생을 기대와 함께 맞이합니다. 일 년이란 기간 안에 축적된 오염이 그렇다면, 5125년 동안 축적된 오염의 양은 어느 정도일까요. 세상이 파멸되야 할 정도가 되겠지요. 물리학자들이 말하는 엔트로피 증가현상은 우주도 탄생하고 성장하며 결국은 소멸한다는 고대 마야인의 신화와 일맥상통합니다.

이런 점에서, 우리는 세속적 시간의 이행에 따라 축적된 오염을 청산하고, 새로운 시간을 다시 시작하기를 원합니다. 그 오염되지 않은 새로운 시간을 거룩한 시간이라고 부릅니다. 따라서 거룩한 시간은 시간의 시초이며, 천지창조의 순간을 의미하기도 합니다. 이런 의미에서 거룩한 시간은 세속적 시간의 끝에 있는 것이라기보다는 세속적 시간의 시작점을 의미합니다.

즉, 거룩한 시간은 창조의 시간입니다. 순간과 영원이 만나는 역설적인 시간입니다. 바로 이런 점에서 엘리아데는 거룩한 시간을 "가역적(可逆的)인 시간"이라고 하였습니다. 최초로 돌아가는 것이 가능한 시간, 혹은 시초로 거슬러 올라간 시간이라는 의미입니다.

> 시간의 이 두 가지 종류 사이에 존재하는 한 가지 핵심적인 차이는 우리에게 직접적으로 인상을 던진다. 즉 거룩한 시간은 본질에 의하여 역전(逆轉)이 가능하다—그것은 엄격히 말해서 원초적인 신화의 시간이 나타난 것이다. 모든 종교적 축제, 모든 예배의 시간은 신화적인 과거에, '태초'에 일어난 거룩한 사건의 재현을 나타낸다. 축제에 종교적으로 참여하는 것은 일상적인 시간의 지속으로부터 벗어나서 축제 그 자체에 의해 재현된 신화적 시간에로 복귀하는 것을 포함한다. 따라서 거룩한 시간은 무한정으로 회복될 수 있고, 무한정으로 반복될 수 있다. (〈성과 속〉 61-62)

인간은 본능적으로 혹은 의식적으로 오염된 과거를 청산하고 새로운 삶, 혹은 새로운 시대를 꿈꿉니다. 이와는 반대로 세속적 시간을 "불가역적 시간"이라고 불렀습니다. 이것은 오염이 끝없이 축적되는 시간입니다. 과거를 청산할 수 없는 시간이라고 볼 수 있는 것이지요. 혹은 오염을 짊어지고 가는 시간이라고 볼 수 있습니다. 바로 그렇기 때문에 종교적인 인간은 세속적인 시간으로 부터 탈출하여 거룩한 시간에 도달하기를 꿈꿉니다. 거룩한 시간은 100퍼센트의 순결함과 잠재적인 에너지가 가득한 시간이니까요. 게다가 그것은 의미와 질서와 방향성이 충만한 코스모스의 시간이기도 합니다.

질문8: 신화나 종교에서 세속적 시간에서 거룩한 시간으로의 시간 이동이 가능합니까?

결론부터 말씀드린다면 가능합니다. 물리학적으로는 불가능하지만 종교적으로는 가능하다는 의미입니다. 이제 세속적인 시간과 거룩한 시간의 개념을 파악했기 때문에, 세속적인 시간으로부터 탈출하여 거룩한 시간에 이르는 방식에 대해 설명해 보기로 하지요. 먼저 여러분들에게 아주 친숙한 경험으로부터 시작합시다. 우리의 일주일은 주일과 주말로 이루어져 있습니다. 따라서 일주일 마다 일요일, 즉, 휴일이 반복되지요. 월요일은 주일의 시작이며, 토요일은 주일의 끝이며, 일요일은 주일의 죽음과 부활입니다. 여기에서 일요일이 없다고 가정합시다. 그러면, 우리들의 하루하루는 비가역적인 시간이 됩니다. 무한히 피로와 오염이 축적되는 매일 매일의 연속이 될 것입니다. 즉, 일요일이 없는 매일의 축적은 비가역적인 시간, 곧 세속적 시간이 됩니다. 하지만, 일요일 때문에 세속적 시간의 흐름은 정지되고, 일주일간의 오염과 피로는 회복되고 에너지는 재충전됩니다.

그렇다면, 일요일은 언제부터 생겼을까요? 일요일은 기독교를 국교로 선포한 콘스탄티누스 황제에 의해서 종교적인 날, 곧 거룩한 날로 제정되었습니다. 기독교도들은 일요일을 그리스도가 부활한 날이라고 해서 주의 날이라고 부르며, 유대교 신자들은 일주일의 하루를 안식일이라고 해서 토요일을 거룩한 날이라고 합니다. 기독교에서는 예수가 부활한 거룩한 날이라고 해서, 유대교에서는 하나님이 6일 동안 천지창조를 완성하고 7일째 휴식한 거룩한 날이라고 해서, 일요일(유대교에서는 토요일)은 거룩한 시간이 됩니다. 그리고 이 거룩한 시간은 가역적인 시간이며, 일주일 마다 태초의 순수한 에너지로 재충전될 수 있는 날입니다. 여기에서 세속적인 시간에서 거룩한 시간으로 이동할 수 있는 방법이 추측될 수 있습니다. 기독교인에게 일요일은 예수님이 부활한 날입니다. 예수님이 부활한 날이 상징하는 바는 무엇입니까? 죄로 오염된 과거의 시간이 죽고 순결하고 거룩한 새로운 시간이 부활하는 것을 의미합니다. 즉, 신도들의 세속적 시간을 부활한 그리스도의 시간과 일치시켜, 세속적 시간에서 탈출하여, 2000년 전의 그 거룩한 시간에 동참하는 것입니다. 그리스도의 시간과 자신의 시간을 일치시키기 위해서는 그리스도와 하나가 될 필요가 있습니다.

그리스도와 어떻게 하나가 됩니까? 그리스도의 살과 피가 나의 살과 피와 하나가 되어야 한다는 말입니다. 그것이 어떻게 가능합니까? 성찬식은 바로 그 목적을 위해서 존재합니다. 성찬식에서 목사나 신부는 작은 전병을 주면서, 이것은 그리스도의 살이라고 선포합니다. 그 다음은 작은 잔의 포도주를 주면서, 이것은 그리스도의 피라고 선포합니다. 신자는 이를 먹고 마십니다. 성찬식의 본질은 그리스도의 살과 피를 먹고 마시는 종교적 식인의식입니다. 그리스도의 살과 피, 그리고 나의 살과 피가 하나로 연합되는 방법으로서 그의 살과 피를 먹고 마시는 것보다 더 효과적인 방식이 있을까요? 더군다나, 그것은 그리스도가 그렇게 하라고 명하신 것입니다. 성찬식은 그리스도교의 가장 본질적인 종교의식입니다.

성찬식이라는 타임머신을 타고 신자의 영혼은 그리스도의 시간으로 되돌아가 그의 거룩한 시간과 일치하게 됩니다. 이 같은 종교의식 속에서 신자는 세속적인 시간으로부터 단절되며 거룩한 시간에 참여하게 됩니다. 모든 종교와 신화에는 세속적 시간과의 단절과 거룩한 시간과의 연합을 가능하게 하는 종교적 의식이나 신화적 제의가 존재합니다. 까마득한 기원을 가진 디오니소스 제부터 시작하여, 최근의 뉴에이지 운동에 이르기까지 모든 종교의식의 핵심에는 세속적 시간으로 부터의 탈출과 거룩한 시간의 회복이 자리하고 있습니다. 지저분한 공책에 지우개가 필요하듯이, 오염된 인생에는 때 묻지 않는 시간이 필요합니다.

모든 종교에는 종교적 제의나 의식이 있습니다. 그것의 목표는 그 의식을 통해 거룩한 시간에 참여하는 것입니다. 예를 들어 사월 초파

일에 세불식(洗佛式)이라 불리는 의식이 있습니다. 아기 부처의 동상에 깨끗한 물을 붓는 의식입니다. 그 의식을 통해, 신도는 새롭게 태어나는 부처의 시간과 하나가 되고, 윤회라는 끝없이 반복되는 세속적 시간으로부터 탈출하여, 해탈한 존재의 시간에 동참하는 셈입니다.

가톨릭의 사육제나 수난 주일도 마찬가지입니다. 수난주일에는 금욕적인 삶을 통해 그리스도의 수난에 동참함으로써 2000년을 거슬러 올라가 그리스도의 시간과 신도의 시간을 일치시킵니다. 이 때 신도는 자신이 속해 있는 현재의 세속적 시간으로부터 이탈하여 거룩한 시간으로 이동하게 됩니다. 유대인들이 매주 마다 안식일을 지킬 때, 신자는 주일의 세속적 일과 시간으로부터 벗어나, 6일 동안 천지창조의 일을 완성하시고 제 7일에 안식하시는 하나님의 거룩한 시간에 참여하는 것입니다. 주기적으로 반복되는 종교의식과 제의는 결국 세속적 시간으로부터 거룩한 시간으로의 이동을 위한 종교적 타임머신이라고도 볼 수 있겠습니다.

신화에 기원을 갖는 올림픽이나 전국체전에서도 동일한 원리가 작동됩니다. 성화는 고대 그리스의 올림피아 신전에서 태양열을 돋보기로 모아 점화하여, 그것을 올림픽이 개최되는 장소까지 봉송합니다. 그리고 올림픽이 진행되는 동안 그 불은 꺼지지 않고 타오릅니다. 그것이 상징하는 것이 무엇일까요. 그것은 까마득히 아득한 과거 태초의 시간에 타올랐던 그 거룩한 불이 현재 그 운동장에서 타오르고 있다는 의미입니다. 이 때, 많은 선수들이 참여하는 온갖 경기는 인종과 성별을 넘어선 거대한 종교의식이 됩니다. 이보다는 작은 규모이지만, 전국체전이 개최되면 강화도의 참성단에서 점화된 성화가 체전이 개최되는 도시의 운동장에서 타오릅니다. 단군에게 최초의 제사를 지냈던 참성단에서 시작된 불길이 수천 년의 세속적 시간을 뛰어 넘어 현재 여기에서 타오르는 것입니다.

거룩한 시간과 세속적 시간의 개념은 신화와 종교의 세계로부터 단절된 현대의 기계적 인간에게는 이해될 수 없는 개념입니다. 그들에게는 자신에게 주어진 세속적 시간외에는 다른 시간은 없다고 보기 때문입니다. 이들은 시간도 돈으로 환산합니다. 그래서 시간은 돈이라고 부끄러움 없이 이야기 합니다. 이들은 시간을 잘 관리하고 사용해야 한다고 주장합니다. 시간을 관리의 대상이나 사용가능한 재물처럼 인식하기 때문입니다.

넷째 고개

조셉 캠벨과 영웅의 모험

질문1: 신화를 이야기 할 때, 많은 사람이 조셉 캠벨을 이야기 합니다. 수많은 신화학자들이 있는데 왜 하필이면 그 사람의 이름을 많이 언급합니까?

조셉 캠벨 이전에 신화는 일반 대중에게는 잘 알려져 있지 않았습니다. 소수의 신화학자들의 관심거리였지요. 혹은 고고학자나 역사학자들의 영역이었습니다. 일반 대중들이 신화를 생각할 때는 까마득한 과거의 옛날이야기 정도로 아는 것이 보통이었습니다. 하지만 그는 과거의 신화를 현대 문화속에 부활시킨 장본인이라고 말할 수 있습니다. 비유적으로 말하자면, 먼지에 덮여 박물관에 보관되어 있었던 신화를 할리우드의 영화 속에 부활시켰다고 말할 수 있지요.

실제로 〈스타워즈〉를 감독한 조지 루카스는 자신의 스타워즈 시리즈는 조셉 캠벨의 〈천의 얼굴을 가진 영웅(The Hero with a Thousand Faces)〉에서 영감을 받아 제작되었다고 고백했습니다. 작품성과 흥행의 두 마리 토끼를 잡은 루카스는 '루카스 재단'을 설립하고, 자신의 농장에 소셉 캠벨을 초대했습니다. 이곳에서 유명한 저널리스트인 빌 모어의 질문에 답변하는 형식으로 진행된 그의 대담은 미국공영방송(PBS)을 통해 방영되었고, 이는 여섯 개의 비디오 시리즈로 제작되어 PBS 역사상 최고의 베스트셀러가 되었고, 이를 책으로 정리한 것이 그 유명한 〈신화의 힘〉이란 책입니다. 저도 개인적으로 이 책과 비디오를 통해 그를 알게 되었습니다. 지금은 유튜브를 통해, 〈신화의 힘〉을 다

볼 수 있으니까 참 좋은 세상이 되었습니다.

조셉 캠벨은 어렸을 때부터 인디언의 신화에 흥미를 갖게 되었고, 그 흥미는 차츰 전 세계의 신화와 종교로 확장되었습니다. 그는 수십 년간 세계 각국의 신화 및 종교를 수집하고 비교 정리하였습니다. 그리고 최종적으로 내린 결론은 이렇습니다. 첫째, 모든 신화나 종교는 결국 동일한 신, 또는 영웅에 대해서 말하고 있다. 둘째, 그 영웅은 각양각색의 문화와 시대의 가면을 쓰고 등장한다. 셋째, 다양한 겉모습의 가면을 벗기고 나면, 이름과 모습은 다르지만 그 이면에 궁극적으로 단 하나의 신만이 존재한다. 넷째, 신, 혹은 신화적 영웅이 겪는 체험은 전형적인 모험의 구조를 가지고 있는데, 그것을 영웅의 모험이라고 부른다. 다섯째, 그 모험의 구조는 크게 세 개의 핵심적인 사건을 포함하는데, 그것은 출발, 성취, 복귀이다. 이를 세분하면 12단계가 된다. 따라서 모험은 완성된 원(圓)의 형태를 갖춘다. 여섯째, 이 영웅의 모험의 구조는 전 세계의 신화나 종교에서 나타날 뿐만 아니라, 소설, 드라마, 영화의 구조이기도 하다. 일곱번째, 영웅의 구조는 이야기의 구조일 뿐만 아니라 모든 인간의 삶의 구조이기도 하다. 따라서 한 개인이 겪는 인생행로는 영웅의 모험과 같다. 여덟 번째, 영웅의 모험은 통과제의의 형태를 지니며, 성인식의 구조와 모험의 구조는 동일하다.

질문2: 제목이 특이합니다. 왜 〈천의 얼굴을 가진 영웅〉이란 제목이 주어졌을까요?

"천의 얼굴을 가진 영웅"이라는 책의 제목은 세상에는 수없이 많은 종교와 신화가 있다는 말입니다. 하지만, 각기 다른 이름이로 불리기도 하며, 다른 모습의 얼굴을 가지고 있지만, 다른 이름이나 다른 모습은 단지 가면에 불과하다는 것입니다. 그 가면 너머에는 하나의 신, 보편적인 영웅이 존재한다는 메시지를 그 제목이 담고 있습니다. 이를 학자들은 단일신화(monomyth)라고 부릅니다. 이 같은 그의 결론은 수십 년간 세계 각국의 신화, 종교, 민담, 전설을 비교분석한 끝에 발견한 것입니다. 불교나 기독교나 그리스 로마의 신화나 인도의 힌두교 신화나, 그 외의 모든 신화는 결국 동일한 영웅의 이야기를 각기의 시대와 장소가 제공하는 문화적 가면을 통해 표현한다는 것입니다. 이런 점에서 유대교의 모세나, 기독교의 예수, 불교의 부처, 그리스 로마신화의 페르세우스는 모두 동일한 모험의 구조를 가지고 있습니다. 즉, 출발, 성취, 복귀입니다. 실제로 그런지 한 번 살펴볼까요? 불교의 창시자인 싯달타의 일대기를 영웅의 모험의 구조를 통해서 설명해 보도록 하지요. 출발, 성취, 복귀의 구조로 말입니다.

부처는 왕자로 태어났지요. 속칭 금수저 중의 금수저를 물고 태어난 셈이지요. 그가 태어났을 때, 한 예언자가 그의 아버지에게 다음과 같이 말했다고 합니다. "왕자께서는 앞으로 훌륭하게 자라나셔서 온 세상을 덕으로 다스리는 전륜성왕이 될 것입니다. 그러나 만약 궁을 떠나 수행자의 길을 택하신다면 깨달음을 이루어 세상에 빛을 비추는 부처가 될 것입니다." 왕인 아버지는 자식이 훌륭한 왕이 되기를 원했고, 영적으로 민감한 아들이 세상의 고통이라는 것은 보지도 체험하지도 못하게 궁궐 안에 가두어 놓고 세상이 줄 수 있는 모든 행복과 쾌락을 제공하였습니다. 아름다운 처와 첩, 산해진미와 즐거운 놀이 등으로 부처의 관심을 돌려, 인생의 고민은 생각해 볼 여유도 없는 환경 속에서 부처를 키웠습니다.

하지만, 부처는 궁궐 밖의 삶에 대한 호기심을 누르지 못해, 19세가 되던 해 몰래 궁궐 바깥으로 나가 생로병사의 고통을 목격하게 됩니다. 그리고 인간의 슬픈 운명에 대한 궁극적 질문을 하게 됩니다. "왜 인간은 생로병사의 고해 속에서 헤어 나오지 못하는 불행한 존재인가? 여기에서 해탈하는 길은 없을까?"라는 질문이었습니다. 이 궁극적 질문이 없었다면, 불교는 존재하지 않았을 것입니다. 불교의 진리는 이 질문에 대한 부처의 해답이니까요. 부처는 이윽고 사랑하는 아내와 첩들 그리고 낳은 지 얼마 되지 않은 아들을 뒤로 하고, 인생의 궁극적 질문에 대한 해답을 발견하기 위하여 기다긴 영웅의 모험을 시작합니다.

이 부분이 출발의 부분입니다. 출발은 내적 혹은 외적 소명(calling)을 듣고, 자신이 속한 공동체를 떠나는 것을 말합니다. 이때부터 영웅은 시련이 가득한 모험을 통과하게 됩니다. 부처는 처음에 요가수행자들 틈에서 거의 초인적인 금욕생활을 통해서 생로병사의 고해에서 해방되는 방법을 찾습니다. 육체의 욕망을 죽임으로 영적 깨달음을 얻는 방식은 인류에게 가장 오랜 수행방법중의 하나입니다. 부처 당시의 힌두교 요가 수행자들은 금욕적인 방법을 통해 영혼의 해방을 얻고자 노력했습니다. 싯다르타는 용맹 정진하여, 거의 뼈만 앙상하게 남을 정도로 수행하였습니다. 그러나 그의 마음에 평화는 찾아오지 않았습니다. 극도의 금욕생활로 가사상태에 이르렀을 때, 지나가던 목녀가 준 우유죽을 먹고서야 겨우 살아날 수 있었습니다.

인도의 전통적 수행방식에서 실패를 맛본 부처는 이제 보리수나무 아래에 앉아 깊은 명상에 들어갑니다. 명상을 통해서 해탈에 이르기를 작정한 것입니다. 깨달음에 이르지 않으면 결코 이 자리에서 일어서지 않으리라는 결단으로 깊은 명상에 빠져 들었습니다. 겉으로 보면 평온한 명상자의 내면은 실상 정신적, 영적 전투가 일어나는 전장과도 같습니다. 이 때 등장하는 인물이 마귀 혹은 사탄과 같은 악의 화신이지요. 첫 번째 유혹에서는 아름답고 고혹적인 마왕의 세 딸이 등장합니다. 여자를 경험한 부처에게 성적 유혹은 치명적일 수 있습니다. 이 세 명의 딸은 반라의 모습으로 젊은 부처 앞에서 유혹의 춤을 춥니다. 부처는 이 유혹에 미동도 하지 않습니다. 인간의 가장 원초적인 욕망인 성욕조차도 깨달음에 이르고자 하는 부처의 마음을 흔들어 놓을 수 없었습니다. 그런데 재미있는 것은 세 딸의 이름입니다. 첫 번째 딸의 이름은 욕망(desire), 둘째 딸의 이름은 만족(satisfaction), 세 번째 딸의 이름은 후회(regret)이니까요. 성적 욕망의 심리학을 잘 보여주는 이름이지요. 욕망에 사로잡혀 성욕을 충족시키고 나면 그 뒤에 후회나 죄의식이 남는다는 말입니다. 이것은 섹스에 대한 인간의 보편적인 감정입니다.

첫 번째 유혹에서 실패하자, 욕망의 마왕은 죽음의 신으로 변신하여 온갖 악마의 부대를 이끌고 나타납니다. 이들은 활, 창, 칼 등으로 부처를 공격합니다. 그러나 그들이 던진 무수히 많은 활과 창은 고요히 앉아서 명상하는 부처의 눈앞에서 꽃이 되어 떨어졌다고 합니다. 두 번째 유혹은 죽음의 공포를 통한 유혹이었습니다.

두 번째 유혹 마저도 실패하고 나자, 마왕은 이번에는 현자의 모습으로 등장하여 부처를 윤리적으로 설득합니다. 이런 식으로 말했겠지요. "이보게 젊은 친구, 당신이 해탈을 위해 정진하는 것은 참 가상한 일이네. 하지만 집에 두고 온 아내와 자식을 생각해 본 적이 있는가? 자네 하나만 바라보고 독수공방하는 외로운 아내를 생각해 보게나. 지아비가 되었으면 책임을 져야 하지 않겠나. 영적 깨달음이니 해탈이니 하며 아주 고상한 일을 하고 있다고 자부할지 모르지만, 당신이 현재 나무 밑에 앉아있는 것이 얼마나 이기적인 행동인지 한번 생각해 본 적이 있는가? 게다가 하나밖에 없는 아들을 생각해 보게. 떠날 때, 젖먹이 아기였던 당신의 아들이 아비 없는 자식으로 자라나는 것을 생각해 보게나. 어찌 아비가 그럴 수가 있는가? 그리고 당신이 떠난 후, 모든 희망을 잃고 당신이 되돌아 올 날만 손꼽아 기다리는 아버지를 생각해 봐. 아들에게 왕위를 계승하지 못한 왕의 운명을 생각해 보게. 게다가 외적의 침입으로 불안에 떠는 백성들을 생각해 보라고. 남편으로서, 아버지로서, 황태자로서 최소한의 윤리의식과 책임이 있어야지 남자가 아니겠는가? 명상은 왕궁에 돌아가서, 자신의 사회적 책임을 다하면서 틈틈이 할 수 있는 문제가 아닌가?" 마지막 유혹에서 부처의 마음은 잠시 흔들렸다고도 합니다. 부처는 아내와 자식을 사랑하였고, 윤리적인 책임의식이 강한 사람이었기 때문입니다. 이

번 유혹은 죽음과 성욕의 유혹과는 차원이 다른 유혹이었기 때문이었나 봅니다. 그 때, 땅속 깊은 곳에서 하나의 음성이 들려옵니다. "부처는 이미 자신의 모든 것을 진리를 위해 다 바쳤기 때문에, 그에게는 그 어떤 것도 요구할 수 없다. 그는 인류를 위해 자신을 바쳤기 때문에, 가족과 왕국을 위해 바칠 아무것도 남아있지 않다"라는 음성이었습니다. 바로 이때 부처는 궁극적 깨달음에 이르게 됩니다. 인간이 겪을 수 있는 모든 종류의 유혹을 이겨냈기 때문입니다.

이 세 개의 유혹은 인간이 처할 수 있는 모든 종류의 유혹을 대표하는 세 유형, 혹은 세 차원의 유혹입니다. 영웅의 모험의 구조에서 이 부분은 성취의 부분입니다. 성취는 시련의 극에서, 죽음과 같은 고통을 체험한 후 얻게 되는 보물입니다. 그 보물이 부처와 같은 영혼의 기사에게는 영적 깨달음이 될 수 있고, 육체적인 영웅에게는 전리품이 될 수도 있겠지요. 성취부분은 신화에서 영웅이 숲의 중심에 있는 동굴에 들어가 불을 뿜는 용을 죽이고 사로잡힌 공주를 구해내는 식으로 표현되기도 합니다. 용을 죽이기 위해 주인공은 죽음을 무릅쓰고 싸워야 하고, 거의 죽은 상태에서 되살아난다는 점에서 영웅은 죽음과 부활을 체험합니다. 이 때, 그 이전의 옛 자아는 죽고, 새로운 자아가 탄생합니다. 왕자로서의 부처는 죽고 "깨달음을 얻은 자"로서의 부처가 탄생하는 셈이지요.

여기에서 용이란 존재는 영웅이 최종적으로 살해해야 하는 최후의 강력한 적입니다. 그것은 초인적인 힘을 지닌 괴물 같은 동물이 될 수도 있고, 영웅의 무의식속에 자리한 통제할 수 없는 무의식의 힘일 수도 있습니다. 어떤 때는 반드시 복수해야만 하는 원수로 등장할 수도 있겠지요. 용이 불을 뿜는 용이든지, 마음속의 통제할 수 없는 충동이든지 간에, 이 용을 죽이거나 지배하지 못한다면, 영웅의 모험은 결코 완성될 수 없습니다. 신화 속에서 용을 죽이고 그 피를 마시거나 피로 목욕하는 장면도 있습니다. 그것은 용의 초인적인 힘을 나의 힘으로 수용하는 것을 상징합니다. 즉, 초인적인 힘이 이제까지는 나를 괴롭히는 힘이었다면, 피를 마신 후에는 나의 통제와 지배력 안에 들어와 내가 활용할 수 있는 힘이 되었다는 말입니다. 용은 영웅의 궁극적인 적대자입니다. 그러나, 그 적대자가 다름 아닌 바로 나 자신이라는 것을 발견하기도 합니다.

> 신이든 여신이든, 남자든 여자든, 신화의 등장인물이든 꿈을 꾸는 사람이든, 영웅은 적대자를 발견하고 삼키거나 그에게 삼켜짐으로써 이 적대자(뜻밖에도 그 자신의 자아)를 동화시킨다. 하나씩 하나씩 장애는 차례로 사라진다. 영웅은 자신의 자존심, 미덕, 아름다움, 삶을 팽개치고 도저히 용납할 수 없는 이 적대자에게 절을 하거나 복종한다. 이윽고 영웅은 자신과 적대자가 사실은 둘이 아닌 하나임을 깨닫게 된다. (〈천의 얼굴을 가진 영웅〉 143)

즉, 신화는 외부적인 환경에서 주어지는 시련에 대해서 말하고 있지만, 그것의 상징적인 의미는 자신의 내부적인 환경에 대한 메시지가 되기도 합니다. 불을 내뿜은 무서운 용은 동굴 안에 있기도 하지만, 실상 내 마음속에 도사리고 있는 내면의 괴물일 수도 있으니까요. 나의 무의식에 내재하고 있는 원초적인 힘이 통제되지 않는다면, 그것은 괴물에 사로잡힌 실패한 영웅의 이야기가 되겠지요. 하지만, 그 힘을 조절하고 승화할 수 만 있다면, 그 힘은 무한한 창조력과 초인적인 의지나 열정으로 변화되어 내가 가진 가장 강력한 힘의 근원이 될 수 있습니다. 조셉 캠벨은 신화적 영웅의 모험과 한 개인의 무의식의 탐색을 다음과 같이 비교합니다.

> 신화적인 영역의 바닥에 다다르면, 영웅은 절대(絶大)한 시험을 당하고, 그 시험을 이긴 보상을 받는다. 이 승리는 세계의 어머니인 여신과의 성적 결합(신성한 결혼), 창조자인 아버지에 의한 인정(아버지와의 화해), 그 자신의 신격화(神格化), 혹은 적대적인 능력이 그의 힘에 벅찰 경우에는 전리품의 가로채기(신부 훔치기, 불 훔치기)로 나타난다. 원래 이 승리는 자기의식의 확장이며, 존재와의 합일이다(깨달음, 변모, 자유). 마지막 단계는, 귀환이다. 영웅이 그 권능의 축복을 받은 경우 전리품은 영웅을 보호한다(使者). 그렇지 못할 경우, 영웅은 도망치고, 부정적인 세력의 추격을 받는다(모습을 바꾸며 도주하기, 장애물을 피하며 도주하기). 귀환의 관문에서 초월적인 권능의 소유자는 뒤에 남아야 한다. 영웅은 혼자서 그 무서운 왕국에서 귀환한다(귀환, 부활). 그가 가져온 전리품(홍익)은 세상을 구원한다(불사약). 정신분석학자들은, 천국, 지옥, 신화적 시대, 올림포스 산 및 그 밖의 신들의 거처는 모두 무의식의 상징으로 해석한다. 따라서 현대의 심리학적 해석 체계의 열쇠는 바로 〈형이상학적 영역=무의식〉이라는 등식이다. 이 문을 여는 또 하나의 열쇠가 있다면 전후항을 바꾼, 즉 〈무의식=형이상학적 영역〉이라는 등식이다. 〈보아라, 하느님 나라는 바로 너희 가운데 있다〉고 예수는 말했다. 실제로, 성경에서 말하고 있는 타락 이미지의 의미는 초의식 superconsiousness이 무의식 상태로 흘러갔음을 뜻한다. 우리가 우주적 능력의 근원은 보지 못하고 그 능력에서 투사된 현상계의 형태만 볼 수 있는 것은 의식이 응축되었기 때문인데, 이 의식의 응축 현상은 초의식을 무의식으로 바꾸어놓는다. 그리고 동시에 같은 징표로서 세상을 창조한다. 구원은 초의식으로의 귀환과, 이에 따른 세상의 소멸에 있다. 이것은 우주 발생적 순환, 세계 현현의 신화적 이미지, 그리고 비현현 상태로의 회귀를 나타내는 중요한 테마 및 공식이다. 마찬가지로 개인의 탄생, 삶, 죽음은 무의식으로의 하강

및 회귀로 볼 수 있다. 영웅은, 살아 있을 동안에, 창조 과정 중에는 지각되지 않는 초의식의 요구를 알고 이를 대리하는 자다. (〈천의 얼굴을 가진 영웅〉 331)

질문3: 그렇다면, 저도 영웅이 될 수 있습니까?

물론 그렇습니다. 사실, 인간은 태어나는 순간부터 영웅의 모험을 하는 셈입니다. 우리나라 말로 죽었다는 말은 '돌아간다'라는 말로 표현됩니다. 즉, 인간은 죽음을 통해 복귀하는 그 순간까지 영웅의 모험을 하는 셈입니다. 태어나는 것은 출발입니다. 죽음은 "돌아감", 즉 복귀입니다. 그 사이에 여러 가지 시련과 모험을 겪게 되지요. 인생 자체가 하나의 거대한 모험이기도 하지만, 그 모험 안에는 수 없이 많은 작은 모험들이 있습니다.

아주 작은 모험을 이야기 해 볼까요? 여러분들은 아침에 집을 출발하였습니다. 그리고 학교나 직장에서 모험을 합니다. 그 모험 중에는 동굴의 괴물을 죽이는 것과 같은 극적인 모험도 있을 수 있고, 정신적 고통을 통해 얻게 되는 잔잔한 지혜도 있을 수 있습니다. 그리고 저녁에는 집으로 복귀합니다. 하루 동안 모험을 통해 얻은 보물을 가지고 말입니다. 1년 365일이 영웅의 모험입니다. 당신은 운명의 신이 당신에게만 준 그 모험의 여정을 따라 살아갑니다. 하루에도 여러 번의 모험이 있을 수 있습니다. 교수인 저의 예를 들면, 연구실을 떠나 한 시간 신화와 종교에 대해 강의하는 것도 작지만 여행입니다. 한 시간 동안 예상하지 못한 학생들의 질문에 당황할 수도 있고, 토론을 통해 얻게 되는 새로운 지식도 있습니다. 그리고 다시 연구실에 복귀하지요. 그리고 다음 모험을 준비합니다.

제가 개인적으로 조셉 캠벨을 특히 좋아하는 이유는 나같이 보잘것 없는 사람도 영웅이라는 점을 깨우쳐 주었기 때문입니다. 캠벨을 알기 전까지 영웅이란 그리스 로마신화에 등장하는 헤라클레스, 아테네, 제우스, 혹은 모세, 예수, 부처 등, 엄청난 업적을 가진 위대한 인물에게나 어울리는 호칭이라고 생각했습니다. 그 정도는 아니더라도, 이순신 장군이나, 안중근 의사 같은 사람들이 영웅이라고 불릴 자격이 있다고 생각했던 것입니다. 하지만 조셉 캠벨의 위대성은 모든 인간이 영웅의 모험을 자신의 일상적인 삶 속에서 발견할 수 있고, 또 발견해야만 한다는 그의 메시지에 있습니다.

> 그러나 최고의 영웅이란 우주 발생적 순환의 원동력을 추진시키는 영웅이 아니라, 눈을 다시 뜨고서 오고 가며 기쁨과 고뇌가 교차되는 세계의 파노라마를 통해 하나의 실재가 다시 드러나게 된다는 것을 깨치는 영웅이다. (〈천의 얼굴을 가진 영웅〉 432)

우리는 모든 인간이 가야만 하는 모험의 독특성을 망각하고, 업적의 크기로 영웅 됨을 평가하는 습관이 있습니다. 하지만, 조셉 캠벨은 태어남 자체로 영웅의 신분을 얻게 된다고 말합니다. 그리고 살아가는 것 자체가 영웅의 모험이라고 말합니다. 자신이 삶의 주인공으로 혹은 영웅으로 알고 사는 사람과 자신은 영웅이 될 자격이 없다고 생각하고 사는 사람 사이에는 큰 차이가 있습니다. 이것은 배우와 관객의 차이와 같습니다. 관객은 언제나 관람석에 앉아서 배우를 바라 볼 뿐입니다. 배우의 연기를 보고 감동을 받았다고 해도, 그것은 자신의 삶에서 얻는 감동이 아닙니다. 하지만, 배우는 자신에게 맡겨진 역할을 충실히 수행할 뿐입니다. 배우가 되겠습니까? 관객이 되겠습니까? 하지만, 곰곰이 생각해 보면 인생이란 무대에서 관객은 존재하지 않습니다. 모든 인간들은 세상이라는 거대한 무대 위에서 신과 운명이 각자에게 맡긴 역할을 수행하는 배우입니다. 따라서 최소한 자기 자신의 인생에서 자신이 영웅이라는 사실을 자각하는 것이 무엇보다도 중요합니다. 영어로 영웅이란 말은 "Hero"입니다. 주인공이란 말로 번역되기도 하지요. 소설의 히어로, 히로인이란 말을 들어 봤겠지요. 여러분은 자신의 인생무대에 등장하는 유일한 주인공입니다.

조셉 캠벨의 신화이론 중에서 가장 매력적인 부분은 나의 삶이 곧 내가 창조해 가는 개별적인 신화라는 것입니다. 동시에 그 개인적인 신화는 인류의 보편적인 신화의 틀과 일치합니다. 즉, 신화 속에 등장하는 영웅의 모험 속에서 나의 모험을 발견할 수 있고, 내 인생의 모험 속에 신화속의 모험이 들어있다는 것입니다. 제임스 조이스의 〈율리시즈〉가 가장 위대한 소설중 하나로 꼽히는 이유는 레오폴드 블룸이라는 아일랜드의 평범한 시민이 겪는 하루 동안의 일화가 그리스 로마 신화의 대표적인 영웅, 율리시즈의 일대기와 일치한다는 데 착안했기 때문입니다. 가장 보잘 것 없는 소시민의 하루와 인류사상 가장 위대한 신화적 영웅의 일대기가 구조적으로 일치한다는 것은 바로 조셉 캠벨의 신화이론과 일치하지 않습니까? 조셉 캠벨은 바로 그런 점에서 먼지 덮인 박물관의 신화를 현대를 사는 보통사람들의 일상 속에서 부활시켰습니다. 나의 삶이 나의 신화이며, 내가 그 신화의 주인공이라는 점, 참 좋지 않습니까?

질문4: 죠셉 캠벨은 성인식과 영웅의 모험의 구조는 동일하다고 주장하는데, 그 이유는 무엇입니까?

이 질문에 대한 답을 위해서는 먼저 성인식이 무엇인지 알아야 합니다. 성인식은 대표적인 통과의식입니다. 즉, 하나의 신분에서 다른 신분으로 변화하기 위해 치르는 의식이나 제의를 총칭하여 통과제의 혹은 통과의식이라고 부릅니다. 인간은 태어날 때부터 죽는 순간까지 많은 통과의식을 겪습니다. 태어난 지 백일 후에 주어지는 백일잔치, 입학식과 졸업식, 성인식, 결혼식, 장례식 등 통과의식은 신분의 변화를 공동체와 개인에게 극적으로 확인시켜 주는 의식이라고 볼 수 있습니다.

인간의 삶속에는 두 개의 신분이 공존하는 시기가 있습니다. 혹은 두 신분 사이의 경계선에 서 있는 시기가 있습니다. 사실, 이 경계선에 서 있을 때가 본인과 공동체에 가장 위험한 순간입니다. 이 때는 두 신분을 다 가질 수도 있고, 두 신분이 다 부정될 수도 있습니다. 일종의 유예상태이며 매달린 상태입니다. 흔히 사춘기시절이 인생에서 가장 위험한 시기라고 합니다. 왜 그럴까요? 이 시기에는 어린 아이의 신분과 성인의 신분이 공존하고 있으며, 어린아이와 성인의 경계선 상에 서 있기 때문에 자신 스스로도 사회도 그의 신분을 확정할 수 없습니다. 신체는 어른 같은데, 정신 상태는 어린애와 같은 사춘기 청소년들을 흔히 볼 수 있지 않습니까? 통과의식으로서 결혼식을 예로 들어봅시다. 결혼식이라는 통과의식을 치루지 않고 동거하는 한 커플의 경우 그들의 신분은 미혼입니까 아니면 기혼입니까? 법적으로는 미혼이나 실제적으로는 기혼과 같습니다. 미혼과 기혼이라는 두 신분이 혼재함으로써, 본인들도 공동체도 그들의 신분을 확실하게 규정할 수 없습니다. 만일 그들 사이에서 아이가 탄생한다면, 그 아이는 사생아입니까? 호적에 어떤 신분으로 올려야 할까요? 두 개의 신분 때문에 헷갈리는 것이 한 두 개가 아닐 것입니다.

통과의식은 두 신분 사이의 경계에서 주어지는 의식입니다. 그 목적은 참가자가 지닌 두 개의 신분 중에서 하나의 신분을 죽이고 새로운 신분을 탄생시키는데 있습니다. 따라서 모든 통과의식은 한 신분의 죽음과 다른 신분의 부활(탄생)이 포함되어야만 합니다. 쉽게 말하면, 옛 신분으로서의 자신은 죽고 새 신분을 가진 자신이 부활하는 셈입니다. 통과의식에 죽음과 부활의 상징적 체험이 있는 것은 바로 이런 이유에서입니다. 조셉 캠벨은 모든 영웅 신화에는 통과제의의 양식이 발견된다고 합니다.

영웅이 치르는 신화적 모험의 표준 궤도는 통과제의에 나타난 양식, 즉

〈분리〉, 〈입문〉, 〈회귀〉의 확대판이다. 이 양식은 원질신화(原質神話, monomyth)의 핵심이라고 할 수 있다. 즉, 영웅은 일상적인 삶의 세계에서 초자연적인 경이의 세계로 떠나고 여기에서 엄청난 세력과 만나고, 결국은 결정적인 승리를 거두고. 영웅은 이 신비스러운 모험에서, 동료들에게 이익을 줄 수 있는 힘을 얻어 현실 세계로 돌아오는 것이다. (〈천의 얼굴을 가진 영웅〉 44-45)

다섯째 고개

융의 정신분석학과 신화

질문1: 융은 프로이드와 함께 정신분석학의 창시자로 알고 있습니다. 그런데 신화를 언급할 때는 프로이드를 언급하지 않고 주로 융을 언급하는 이유가 무엇일까요?

가장 쉽게 이야기를 해 보지요. 프로이드는 종교를 신경증의 일종으로 보았습니다. 그에게 있어서 종교란 것은 치유되어야 할 정신적인 문제였지요. 그리고 무의식과 의식의 세계를 슈퍼에고, 에고, 이드 등의 개념으로 도식화하고, 정신적인 문제의 근원을 성욕에서 찾고자 했습니다. 하지만 융은 종교를 무의식과 의식의 조화 혹은 통합으로 간주하였고, 종교를 통해 오히려 신경증을 치료할 수 있다고 보았습니다. 신경증을 바라보는 관점도 프로이드와 융은 다릅니다. 프로이드는 신경증은 치료되어야 할 정신적 질병이라고 본 반면에 융은 신경증은 무의식이 의식에게 보내는 메시지가 제대로 전달되지 않기 때문에 발생하는 것으로 보았습니다. 따라서 환자는 신경증의 여러 증후를 무의식이 전하는 메시지로 수용하고 자신의 무의식을 긍정하고 무의식과 의식이 조화를 이루어야 한다고 보았습니다.

융은 프로이드 보다 19살 아래였고, 정신분석학의 창시자인 프로이드의 영향을 받기도 하였고, 프로이드가 개발한 정신분석적 개념들을 사용하기도 했습니다. 하지만 연구를 거듭하면서 프로이드의 이론이 종교, 신화, 무의식의 영역을 지나치게 도식화하고, 무의식에서 차지하는 성욕의 비중을 지나치게 강조한다는 사실을 발견하고, 융은 자신만의 이론인 분석 심리학을 창시하였습니다.

정신 분석학이나 분석 심리학이나 무의식을 연구한다는 점에서는 같습니다. 하지만, 무의식을 바라보는 시각과 무의식의 기능과 역할에 대해서는 오히려 대립된다고 볼 수 있지요. 융은 환자의 존엄성과 자유, 그리고 개성을 존중하여, 환자가 갖고 있는 무의식의 메시지에 귀를 기울이고, 무의식의 에너지와 생명력이 적절한 방식으로 표출될 수 있기를 바랐습니다. 그가 목적으로 한 치유는 무의식과 의식이 유기적 전체성이 되도록 무의식의 자율성(autonomy)을 회복하는 것입니다. 여기에서 무의식의 자율성이란 무의식의 파편화와 대립되는 개념으로 무의식이 지닌 인격성을 지칭하는 말입니다.

한 개인의 무의식은 의식의 언어로 이해할 수 없습니다. 이성이나 논리의 언어로는 접근할 수 없으니까요. 그렇다고 해서, 무의식은 의식과의 소통을 결코 포기하지 않습니다. 무의식의 에너지는 의식의 협력이나 조화 없이는 결코 긍정적인 방식으로 표출될 수 없기 때문에 무의식이 전하고자 하는 메시지를 제대로 해석하고 수용하는 것은 한 인격의 건강한 정신생활에 결정적으로 중요합니다. 이것은 육체적인 건강에도 직접적인 영향을 미칩니다. 무의식은 생명 에너지의 근원이기 때문에 인간이 살아있는 한 무의식의 활동은 결코 쉬는 일이 없습니다. 의식이 활동을 정지한 잠의 세계 속에서도 무의식은 활동을 멈추지 않습니다. 오히려 의식이 활동하지 않는 수면상태에서 더욱 활발하게 활동합니다. 꿈은 무의식이 의식에게 보내는 메시지를 담은 메신저입니다.

그러나 무의식의 언어는 의식의 언어와 달라, 주로 상징을 통해서 소통하고자 합니다. 꿈에 나타나는 반복적 사건, 인물, 색채 등은 의식의 세계에서 작동되는 인과의 법칙이나 시간과 논리의 법칙을 넘어섭니다. 하지만, 그렇다고 해서 꿈이 전하는 메시지가 나름의 규칙성과 의미가 없다는 것은 아닙니다. 꿈은 상징의 언어를 통해 무의식의 염원과 소망, 욕망을 의식에게 전달하고자 합니다. 아버지와 아들 사이에 대화가 단절된 집안이 온전한 가정이 될 수 없는 것과 같이 무의식과 의식사이의 대화가 단절된 자아가 온전한 자아가 될 수 없습니다. 아들이 사용하는 언어를 이해하지 않으면 아들과의 대화가 불가능한 것과 마찬가지로 의식은 무의식이 사용하는 언어를 이해하지 않으면 둘 사이의 조화는 불가능합니다. 무의식은 의식이라는 논리의 그릇이 필요하고, 의식은 무의식의 원초적 생명력이 필요합니다. 서로가 서로에 의존할 수밖에 없는 존재이지요. 이 같은 무의식의 언어가 바로 상징입니다.

앞에서 신화나 종교의 언어도 상징이라고 말한 적이 있지요. 융의 정신 분석학은 신화나 종교의 핵심내용과 불가분의 관계에 있습니다. 모두가 다 상징을 그 언어로 사용하고 있기 때문입니다. 융은 신화와 종교를 무의식과 관계시키고, 신화나 종교를 미신이나 신경증으로 치부하지 않고 오히려 개인의 무의식과 의식의 조화를 이루도록 돕는 치유체계라고 보았습니다. 신화나 종교는 현실적인 의식의 세계를 보다 깊은 무의식의 세계와 조화롭게 연결시킵니다. 융은 또한 종교에서 말하는 거룩함의 개념을 신경증의 치료에 적용하였습니다. 융은 거룩함을 의미하는 누미노제(Numinose)가 인격의 완성에 결정적인 영향을 미친다고 하였습니다.

그러나 한 가지 염두에 두어야 할 것은 융이 말하는 종교는 기독교, 불교, 이슬람교와 같이 정리된 교리의 틀을 가진 종교가 아니라는 점입니다. 그의 종교는 도그마나 교리의 틀에 속박될 수 없는 보다 원형적인 종교현상을 의미합니다. 기독교와 같은 고등종교를 포함하지만, 그의 종교개념은 보다 포괄적이며 유연합니다. 그가 염두에 둔 종교는 보다 개인적이며 주관적이며 신비적인 경향이 있습니다. 융은 성숙한 인간이 되기 위해서 인간에게 종교나 신화가 필요하다는 것을 인정했습니다. 이 점에서 그는 주체적이며 자율적 인간이 되기 위해서는 종교라는 신경증으로부터 해방되어야 한다고 역설한 프로이드와는 대척점에 서 있습니다.

융은 또한 동양의 종교나 연금술, 영지주의, 신비주의에 대해서도 많은 연구를 하였습니다. 그가 연금술에 대해서 관심을 가진 것은 쇠를 금으로 바꾸는 유사 과학적 기술에 있었던 것이 아니라 연금술사가 연금술 액을 찾는 과정에서 겪게 되는 영혼의 변모였습니다. 이것은 돌이나 쇠와 같은 불완전한 영혼이 금과 같이 완벽한 영혼으로 변모하는 과정을 상징적으로 집약한 영혼의 연금술이었습니다. "철학자의 돌"을 찾기 위해 연금술사가 겪는 영혼의 모험에는 조셉 캠벨이 말한 영웅의 모험이나 통과제의의 패턴이 나타납니다. 다음과 같은 글에서 융이 연금술을 연구한 동기를 엿볼 수 있습니다.

> 그림자가 제기하는 대립물의 문제는 연금술에서 커다란 — 그리고 결정적인 — 역할을 한다. 연금술의 최종적 단계에서는 히에로스 가모스(hieros gamos : 신성한 결합) 혹은 (연금술적) '화학적 결합'의 원형적 형태에서 대립물의 통일로 향하게 되기 때문이다. 바로 여기서 가장 우월한 대립물, 즉 남성과

> 여성의 대립물이 모든 대립에서 벗어나 하나로 녹아들며 불멸의 것이 된다.
> (〈한 권으로 읽는 융〉 209)

베넷은 융이 연금술을 연구한 의도를 다음과 같이 밝히고 있습니다.

> 그가 이해하는 연금술은 인생의 여러 가지 수수께끼를 해명하려는 의도에서 생겨난 기본적으로 철학적인 체계였다. 이를테면 연금술은 선과 악의 관계, 즉 천한 삶이 어떻게 고귀한 삶으로 변형되는가를 연구하는 학문이었다.
> (〈한 권으로 읽는 융〉 209)

아버지가 목사였던 융은 동양의 종교에도 깊은 관심을 가지고 연구하였습니다. 그 결과 모든 종교는 동일하거나 유사한 상징을 서로 공유한다는 사실을 발견했습니다. 조셉 캠벨의 〈천의 가면을 쓴 영웅〉이란 책에서 세계의 다양한 신화나 종교가 가진 신은 문화의 가면을 벗기고 나면 동일하다고 주장하였습니다. 융의 결론도 그와 유사합니다. 어쩌면, 캠벨이 융의 영향을 많이 받았는지도 모릅니다. 캠벨과 같은 독창적인 학자는 자신이 누구의 영향을 받았다는 것을 인정하고 싶지 않겠지만, 신화와 종교의 영역에서 이 둘이 가진 공통점은 아주 많습니다. 융이 캠벨보다 한 세기 정도 먼저 태어났다는 점과 캠벨이 종교관련 서적을 엄청나게 읽었다는 점을 고려한다면, 캠벨의 신화종교학에 미친 융의 영향을 무시할 수 없을 것 같습니다.

어쨌든, 엘리아데, 조셉 캠벨, 융은 고대의 신화를 현대에 부활시키고 신화연구의 붐을 불러 온 장본인임에는 틀림없습니다. 나중에 언급하겠지만, 이 세 명 사이에는 공통점이 참 많습니다. 이제 종교, 신화연구에서 융의 정신분석학이 왜 그토록 중요한지 알겠지요.

질문2: 융의 집단 무의식은 도대체 무엇입니까?

천재적인 학자들은 새로운 용어를 창조합니다. 그들의 사상이나 학설은 너무나도 새롭고 독창적이기 때문에 기존의 학문에서 사용하는 용어로서는 그것을 표현할 수 없으니까요. 칼 마르크스, 다윈, 프로이드, 아인슈타인, 뉴턴 등 위대한 천재들은 자신들이 발견한 세계를 설명하기 위해 그들만의 용어를 창조했습니다. 융의 집단무의식이란 용어도 마찬가지입니다. 융은 이뿐 만이 아니라, 원형(原型), 개인 무의식, 아니마와 아니무스, 그림자, 페르소나, 콤플렉스, 사위일체 등의 개념을 만들었지요. 이 같은 용어의 뜻을 모르면, 융의 세계를 제대로 이해하기 힘듭니다. 그리고 이 개념들은 서로 서로 연결되어 있습니다.

예를 들어 집단 무의식(Collective Unconscious)은 원형(archtype)의 결합이라고 말할 수 있습니다. 집단 무의식이 무엇이냐를 설명하기 위해서는 먼저 원형이 무엇인가를 설명해야 합니다. 원형이란 인간이 원시시대부터 시작된 근원적인 체험이 각 인간의 무의식에 각인된 것을 의미합니다. 칼 융은 이 원형이 세대를 통해서 이어지기 때문에 유전된다고 보았습니다. 그리고 원형은 보편적인 상징의 형태로 표현됩니다.

원형은 모든 인간의 무의식 안에 각인된 보편적 상징과 이미지로 남아있으며, 육체의 유전인자가 유전되는 것과 마찬가지로 원형의 내용도 유전됩니다. 베넷은 이를 다음과 같이 설명합니다.

> 집단 무의식의 특징은 개인적 경험에서 비롯되는 개인 무의식과는 달리 유전적인 것에 기원을 두고 있다는 점이다. 앞서 말했듯이 개인 무의식은 대부분 콤플렉스로 이루어지는 데 반해, 집단 무의식은 원형(原型)이라고 부르는 선재(先在)하는 형태 혹은 '원래의 형태'로 구성된다. (〈한권으로 읽는 융〉 80)

융이 말하는 신화나 종교의 배후에는 언제나 이 같은 원형들과 집단 무의식이 활동하고 있습니다. 집단 무의식이란 인간의 무의식에 유전되는 원형들의 결합을 의미합니다. 즉, 집단무의식은 복수의 원형이 복합적으로 결합된 형태로 개인의 무의식에 저장되어 있습니다. 원형과 본능의 관계에 대한 융의 언급은 눈 여겨 볼 필요가 있습니다.

> 본능(학습된 것이 아니라 타고난 소질)은 원형과 대단히 유사하다. 그래서 원형을 본능의 무의식적 이미지로 보는 것도 충분한 근거가 있다. 바꿔 말하면 원형은 본능적 행동양식이다. 그러므로 집단 무의식의 가설은 황당한 주장이 아니라 본능이 있다고 가정하는 것으로 보면 된다. (〈한권으로 읽는 융〉 80)

그는 또한 집단 무의식이 지닌 보편성을 강조하기도 했습니다.

> 집단 무의식의 내용은 어디서나, 어느 개인에게서나 비슷하다. 달리 말하면 집단 무의식은 모든 사람에게 동일하므로 우리 모두에게 존재하는 초인격

적 본성의 공통적인 심리 기층을 형성한다. 그런 종류의 경험으로 나는 충분한 단서를 얻었다. 그것은 특수한 종족의 유전과 관련된 문제가 아니라 보편적인 인간적 특질의 문제이다. 또한 그것은 물려받은 관념의 문제가 아니라 동일하거나 아주 유사한 관념을 생산할 수 있는 기능적 형질의 문제이다. 이 형질을 나는 후일 원형이라고 불렀다. (〈한권으로 읽는 융〉 80)

꿈 역시 원형과 집단 무의식이 활동하는 영역입니다. 꿈에서는 개인이 태어나서 겪는 개별적 체험이 형성하는 개인무의식과 인간종족이 공유하는 집단 무의식이 결합됩니다. 따라서 꿈은 집단무의식, 원형, 개인무의식의 내용이 혼합되어 있습니다. 정신분석학자의 임무는 환자가 꾸는 꿈속에 나타나는 스토리, 상징, 이미지를 통해서 환자의 무의식이 전하는 메시지를 스스로 해석하도록 돕는 일입니다. 신경증의 증세는 꿈을 통해서 무의식이 전달하는 메시지가 거부당하거나 잘못 수용될 때 발생하는 일종의 경고라고 합니다. 경고라는 것은 파국을 막기 위한 자기 보전의 전략이기 때문에 신경증 자체도 결국에는 온전한 인격을 형성하는데 긍정적인 기능을 합니다. 경고에 주의한다면 말입니다.

제가 앞장에서 "신화는 집단적 꿈이며, 꿈은 개인적 신화이다"라는 말을 했습니다. 이 말은 꿈과 신화가 얼마나 밀접한 관계에 있는지를 보여주는 말입니다. 둘 다 무의식의 활동이라는 말이며, 둘 다 상징을 통해 메시지를 전합니다. 둘 다 무의식의 메시지를 수용하지 않을 때의 위험성을 경고합니다. 과학과 이성이 지배하는 시대에 사는 현대인들은 신화, 종교, 꿈이 전하는 메시지를 경시하는 경향이 있습니다. 때로는 이런 것들의 존재 자체에 대해 회의를 품기도 합니다. 그들은 의식의 세계, 현실의 세계만이 세상의 전부라고 생각하기 때문입니다.

여기에 대해, 융, 조셉 캠벨, 엘리아데, 루돌프 오토 등의 신화 종교학자들은 경고합니다. 무의식에 사로잡혀 사는 인간도 위험하지만, 의식의 세계에만 사로잡혀 사는 사람들도 똑같이 위험합니다. 무의식과 의식은 분리된 각방에 격리되어 존재하는 것이 아니라, 자기(self)라는 인격의 집안에서 서로 만나 대화하고 조화를 이루어야만 합니다. 영어로 인격(integrity)이라는 말은 "통합"이라는 뜻으로도 사용되는데, 이는 자신 안에 있는 여러 요소들이 통합된 상태가 되어야 인격을 갖춘 자가 된다는 의미를 담고 있습니다. 〈지킬 박사와 하이드〉는 인격적 통합이 불가능한 이중 인격의 비극을 그리고 있지요. 의식을 대표하는 지킬 박사와 무의식을 대표하는 하이드가 비타협적으로 대립할 때 발생하는 이중 인격의 문제를 잘 그려낸 작품입니다. 융은 무의식과 의식의 조화와 통합을 강조했습니다. 그가 개인적으로 경험한 신경증이나, 환자의 신경증은 바로 의식으로부터 소외된 무의식이 인간의 신체와 정신에 미친 부정적 영향으로 볼 수 있었으니까요.

질문3: 정신병의 치료와 신화와 무슨 관계가 있습니까?

이 질문에 대한 답을 위해 어떤 신경증환자의 이야기를 먼저 하겠습니다. 제가 대학 시절 심리학과 교수로부터 들은 이야기입니다. 미국에서 실제로 있었던 일이라고 합니다. 어떤 사람이 자기도 모르게 깜짝 놀라서 뒤를 돌아보는 행동을 반복적으로 했습니다. 그런데 그 행동은 의식의 통제를 전혀 받지 않기 때문에, 언제 뒤돌아 볼지 자신도 알 수 없었다고 합니다. 아무리 안전하고 평화스러운 환경 속에서도 갑자기 극심한 공포심에 사로 잡혀 갑자기 어깨 뒤로 돌아보는 기이한 행동 때문에 평생 동안 손가락질도 많이 받았고, 일을 그르치는 일도 많았습니다. 그리고 언제 찾아올지 모르는 이 같은 공황장애 때문에, 그는 정상적인 결혼생활도 직장생활도 제대로 할 수 없었습니다. 실패한 인생이 된 셈입니다.

중년이 훨씬 지난 어느 날, 어두운 마음으로 지난 과거를 돌이켜 보았습니다. 고향을 떠나 대도시에 살고 있는 지금까지 인생을 돌아보니 실패의 연속이었습니다. 그러다 갑자기 고향을 방문해 보고 싶은 마음이 들었습니다. 유년시절에 살던 고향마을이 그리웠던 것입니다. 그는 고향마을을 방문했습니다. 자신이 알던 사람들은 아무도 없고 많은 것이 변했지만, 어떤 것은 변하지 않은 것도 있었습니다. 변하지 않은 것 중 하나는 아주 어렸을 때부터 다녔던 캔디 가게였습니다. 수십 년이 지난 지금에도 그 위치에 똑 같은 모습을 한 가게를 보고 너무도 반가워서 그 가게에 들어섰습니다.

수십 년의 세월을 거슬러 올라가 그는 자신의 유년 시대로 돌아온 것 같았습니다. 캔디들이 들어 있는 형형색색의 유리병을 돌아보고 있을 때, 가게 안쪽에서 나이 많은 할아버지 한 분이 나타났습니다. 그의 모습을 물끄러미 바라보던 할아버지가 얼굴이 밝아지며 묻습니다.

"혹시, 손님은 아주 옛날에 이곳에서 사시지 않았습니까?"

"아니 그것을 어떻게 아시나요?"

"제게는 잊혀 지지 않는 조그만 사건이 수십 년 전에 있었지요. 손님이 그 사건의 주인공이었습니다."

"저는 전혀 기억이 나지 않는데요. 제가 떠난 지가 너무 오래되어서 말입니다."

"하지만, 저는 그 날의 사건을 생생하게 기억합니다. 그 충격 받은 어린 얼굴을 말입니다. 그 얼굴이 너무나도 강력하게 나의 뇌리에 각인되어서, 수십 년이 지난 이후에도 손님의 얼굴에서 그 아이의 얼굴을 기억한 것입니다. 그 때 손님은 네 다섯 살 정도 되었습니다. 손에 몇 페니를 쥐고 가게 안에 들어와서 캔디를 사 값을 치르려 할 때, 주인이 없다는 것을 발견했습니다. 아이는 잠시 망설이다가 캔디 상자에서 여러 가지 캔디를 마구 주머니에 넣기 시작했습니다. 하지만, 저는 이 모든 것을 지켜보고 있었습니다. 잠시 화장실에 다녀 오는 길이었거든요. 같은 나이 또래의 아들을 키우고 있었던 나는 이 때 따끔하게 교육을 시켜야겠다는 생각에 살금살금 아이의 뒤로 다가가, 어깨를 두 손으로 확 잡으면서 '도둑놈'이라고 큰 소리로 외친 것입니다. 그 때 아이의 경악한 모습이 아직까지 기억에 납니다. 손님은 바로 그 아이였습니다. 그 아이에게 절도에 대한 교훈을 주기 위한 동기에서 한 행동이었지만, 너무 심한 행동을 한 것이 아닌가 하여 오랫동안 마음에 걸렸지요."

이 말을 다 듣고 난 중년의 사내는 자신의 마음속 깊은 곳에 갇혀 있었던 어두운 덩어리가 마음 위로 떠오르는 느낌을 받았고, 그 이후로 단 한 번도 뒤를 돌아보는 행동을 하지 않았다고 합니다.

이 이야기를 통해서 정신병의 치료와 신화와의 관계에 대해서 이야기 해보도록 합시다. 도둑질을 하다가 급습당한 그 아이에게 그 사건은 충격적인 트라우마가 되었습니다. 인간의 정신은 자신이 감당할 수 없을 정도의 충격적인 사건을 당하면, 그 사건을 억압합니다. 억압(repression)은 의식의 영역에서 감당하기 힘든 정신적 충격이나 스트레스를 무의식의 영역으로 억압하여 가라앉히는 방어기제(defense mechanism)입니다. 무의식이 의식을 방어하는 전략 중 하나입니다. 충격이 무의식으로 완전히 가라앉고 나면, 억압된 내용은 의식이 기억할 수 없게 됩니다. 그렇다고 해서, 무의식마저 그 내용과 충격을 망각한 것은 아닙니다. 망각되는 것은 오로지 의식의 영역일 뿐입니다. 무의식은 모든 내용을 다 기억하고 있을 뿐 아니라 충격의 강도까지 고스란히 보전합니다. 무의식의 영역에는 망각이란 존재하지 않는다고 합니다.

기억상실증은 의식이 기억을 못하는 현상입니다. 사실, 기억 상실증도 신경증의 일종으로 너무나도 충격적인 사건으로부터 의식을 보호하기 위한 무의식의 방어기제라고 할 수 있지요. 유년시절에 겪는 충격적인 사건들—이를 테면 성폭행이라든지, 부모의 살해와 같은—은 억압되기 쉽습니다. 어린아이의 의식은 그런 사건을 견디어 낼 수 없으니까요. 하지만, 무의식에 억압된 내용은 어느 정도 시간이 흐르고 나면, 예상하지 못한 때에 의식의 표층을 뚫고 표출될 수 있습니다. 억압된 내용은 강제로 눌려진 용수철처럼 때가 되면 의식의 표면으로 튀어 오릅니다. 그 "때"는 무의식이 결정하지요. 의식이 충격을 감당할 수 있다고 판단하면, 무의식은 억압된 내용과 관련된 메시지를 의식의 표면으로 보냅니다.

그러나 지금까지 그 사건을 망각했었던 의식은 갑자기 출현한 무의식의 내용을 이해할 수도, 수용할 수도 없습니다. 억압된 무의식의 내용은 때로는 반복되는 꿈을 통해서 의식에게 메시지를 전합니다. 하지만 그 메시지가 거부당하고 의식에 통합되지 못할 때, 무의식과 의식사이의 괴리가 생기며, 다양한 정신-신체적 신경증의 증세가 나타나게 됩니다. 이야기 속에 등장하는 그 환자에게는 갑작스럽게 공포에 사로잡혀 뒤를 돌아보는 정신-신체적 증세(psychosomatic syndrome)로 나타난 셈이지요.

이 같은 증세의 원인은 신체에 있는 것이 아니라 무의식과 의식의 소통의 부재에 있기 때문에, 의사는 환자의 무의식 속에 담긴 내용을 꿈이나 자유연상을 통해 분석할 수 있어야 하고 결국에는 환자 스스로 그 무의식의 내용과 직면하도록 만들어야 합니다. 그 때, 무의식과 의식의 만남과 대화가 이루어지며 무의식의 내용은 의식의 차원에서 의식되고 통합됩니다. 이것을 무의식의 의식화라고 합니다. 바로 이 때, 신경증의 원인은 사라지고 환자를 괴롭혔던 정신-신체적 증상은 즉각 사라지게 됩니다. 정신-신체적 증세는 서서히 시간을 두고 사라지는 것이 아니라 즉각적으로 사라지는 특징이 있습니다.

이제 신경증의 치료와 신화와의 관계에 관해 이야기 해 보기로 하지요. 조셉 캠벨의 영웅의 모험과 정신치료과정을 비교해 보기로 합시다. 영웅의 모험은 출발, 성취, 복귀의 삼단계를 거친다고 말한 바 있습니다. 영웅은 마을을 떠나 숲으로 향하고, 숲속 깊은 동굴에 숨어 있는 용을 죽이고 다시 마을로 복귀합니다. 영웅의 모험을 상징의 형태로 이해 할 때, 영웅이 겪는 각 단계는 정신치료의 각 단계와 상응합니다.

먼저, 영웅의 출발은 정신치료의 시작이라고 볼 수 있습니다. 정신과 의사와의 상담은 그 자체로 일상적인 삶을 떠나 무의식의 세계에 접어드는 출발점이 되는 셈입니다. 영웅의 모험에서도, 주인공이 여행을 떠나면 조력자가 생깁니다. 영화 〈반지의 제왕〉의 주인공인 프로도가 모험을 떠난 후 간달프가 나타나는 것이나 〈스타워즈〉의 주인공인 루크 스카이워커가 소명을 받아들이고 난 후 요다가 등장하는 것과 마찬가지입니다. 정신과 의사는 영웅의 모험에 등장하는 조력자(helper)와 같은 역할을 합니다. 그는 길 안내자의 역할을 하기도 하고 조언자의 역할을 하기도 하고 실제로 위기의 상황에서는 주인공을 구해 주기도 합니다.

그렇다면 환자가 떠나는 모험의 세계는 어디인가요? 그것은 어둡고 깊은 자신의 무의식의 세계입니다. 그리고 거기에는 낯설고 길들여지지 않은 엄청난 에너지가 도사리고 있지요. 신화속의 주인공들은 고향을 떠나 종종 어두운 숲속에서 길을 잃곤 합니다. 괴물이 출몰하는 어두운 숲은 무의식의 세계를 나타내는 아주 적절한 상징입니다. 영웅은 숲의 중심에서 더 깊은 어두운 동굴을 만나게 됩니다. 그 동굴 안에서 용과 맞닥뜨리게 됩니다.

여기에서 동굴은 무엇을 상징할까요? 그것은 환자의 깊은 무의식의 심저를 의미합니다. 그리고 용은 거기에 숨어 있는 억압된 정신적 상처를 의미합니다. 용은 무섭게 생겼지요. 억압된 상처는 의식의 눈으로 볼 때, 끔직하고 고통스러운 모습을 하고 있습니다. 다시는 만나거나 기억하고 싶지 않은 내용이지요. 그럼에도 불구하고, 환자는 그 상처를 직면하지 않으면 안 됩니다. 그것은 자신의 상처이고, 자신의 상처는 자신만이 치유할 수 있으니까요. 그것은 영웅이 동굴에서 용을 죽이는 일처럼 험난하고 위험한 작업입니다.

그 다음에 영웅은 공주나 보물을 구해서 숲에서 나와 마을로 되돌아갑니다. 마찬가지로, 환자는 무의식에 억압된 내용을 인정하고 의식의 영역안으로 수용합니다. 이 때 환자가 얻은 보물은 무엇일까요. 그것은 무의식과 의식의 화해이며 통합입니다. 그것은 곧 잃어버린 건강의 회복을 의미하기도 합니다. 자 이제 정신병의 치료와 신화적 영웅의 모험의 구조가 많은 점에서 일치한다는 것을 알겠지요. 바로 이런 점에서 정신분석학과 신화 사이에는 공통점이 많습니다. 신화에 등장하는 영웅들의 모험은 한 인간의 내면세계의 모험을 상징한다고 볼 수 있으니까요.

여섯째 고개

현대인과 신화

질문1: 21세기를 사는 현대인에게 왜 신화나 종교가 필요합니까? 그런 것은 원시적 사고의 한 유형이 아닌가요?

21세기에 접어들면서 인간의 과학은 이제까지 신비의 세계에 속했던 여러 영역을 이성의 언어로 설명할 수 있게 되었습니다. 황우석 박사의 줄기 세포연구는 인간도 복제가 가능하다는 가설을 세울 수 있게 되었고, 인공지능의 발달로 인간의 감정과 윤리, 직관까지도 갖춘 로봇의 제작도 멀지 않은 미래에 가능하다고 주장하는 과학자도 있습니다. 〈매트릭스〉라는 영화는 인공지능을 가진 거대한 컴퓨터가 인간의 생체 에너지를 배터리로 사용하기 위해 인간을 배양하고 양육하면서, 그의 의식에는 가상현실을 프로그램 했다는 내용을 담고 있습니다.

피상적으로 보면 이 같은 과학의 발달은 현대인에게서 종교와 신화, 꿈의 세계를 빼앗아 가는 것처럼 보이기도 합니다. 초월적 세계나 영혼의 영역은 차츰 사라지고 있는 것 같고 신의 위치를 과학이 대신하였다고 주장하는 과학만능주의자도 있습니다. 이들은 거룩함의 영역을 더 많이 박탈할수록 더 많은 미신이 사라지며, 더 넓은 이성의 영역이 확보된다고 주장합니다. 이들의 의견에 따르면 초월적인 세계를 무시할수록 자신은 더욱 더 이성적인 사람이 되며, 마지막 남은 신비의 영역을 과학으로 점령했을 때 비로소 인간의 정신은 미신으로부터 완전히 해방됩니다. 엘리아데는 비종교적 현대인이 처한 상황을 다음과 같이 묘사합니다.

> 근대의 비종교적 인간은 새로운 실존적 상황을 상정한다. 그는 그 자신을 오로지 역사의 주체 및 역군(役軍)으로만 간주하며, 초월을 향한 모든 호소를 거절한다. 달리 말하면, 그는 다양한 역사적 상황들에서 볼 수 있는 바와 같은 인간 조건의 바깥에 있는 인류를 위한 어떤 모델도 받아들이지 않는다. 인간은 그 자신을 만든다. 그리고 그는 오로지 자기 자신과 세계를 탈신성화시키는 정도에 비례해서만 그 자신을 완전하게 만든다. 거룩한 것은 그의 자유에 대한 최대의 장애물이다. 그는 오로지 그가 전적으로 비신화화(非神話化)될 때에만 그 자신이 될 것이다. 그는 최후의 신을 살해하고 나서야 비로소 진정으로 자유롭게 될 것이다. (〈성과 속〉 180)

과연 그럴까요? 이에 대해 저는 니체의 〈비극의 탄생〉에서 그가 언급한 다음과 같은 말을 생각해 볼까 합니다. 그는 서양문화는 아폴론적 사유체계와 디오니소스적 사유체계의 대립과 보완으로 발달되었다고 주장하였습니다. 아폴론은 지혜, 이성, 과학, 논리, 의식의 세계를 대표하는 신이라고 볼 수 있고, 디오니소스는 광기, 감성, 신비, 무의식의 세계, 예술, 종교를 대표하는 신이지요. 그는 이 두 대립되는 정신은 헬레니즘적 가치관과 헤브라이적 가치관을 대표한다고 했습니다. 아테네는 제우스의 머리에서, 디오니소스는 그의 허벅지에서 태어났다는 이야기는 이 같은 가치관을 상징으로 표현하고 있습니다. 니체의 주장은 과학과 종교로 대표되는 두 가치관이 새의 양 날개와 같이 서로 보완하며 서구 문화를 창조했다는 점을 강조하고 있습니다.

그리스 신화에서 신들은 집단광기와 통제되지 않은 충동을 조장하는 디오니소스를 못 마땅하게 생각하고 그를 죽이려고 했습니다. 하지만, 그를 죽이고자 하는 자들이 오히려 비참한 최후를 맞이하고 결국은 그를 가장 막강한 신들 중의 하나로 인정할 수밖에 없게 됩니다. 이 같은 신화가 주는 메시지는 명확합니다. 이성과 과학, 논리의 세계는 그와 대립되는 감성, 종교, 신비의 세계와 조화를 이루어야 한다는 것입니다. 칼 융은 의식과 무의식의 조화를 강조했습니다. 조셉 캠벨 역시 신화의 세계는 현대인의 삶 속에서, 영화와 소설, 그리고 역사 속에서 재현되고 있다고 주장합니다. 단지 많은 현대인들이 그 사실을 인식하지 못할 뿐이지요.

> 왜냐하면, 이미 앞에서도 말했듯, 순수한 상태로서의 비종교적 인간이란, 심지어 가장 탈신성화된 근대사회에서조차도 상대적으로 드문 현상이기 때문이다. '비종교적' 인간의 대다수는, 비록 그들이 그 사실을 깨닫지 못하고 있을 때조차도 여전히 종교적으로 행동하고 있다. 우리는 비단 구조상 마술적·종교적 성질을 가진 근대인들의 수많은 '미신'과 '금기'들만을 이야기하고 있는 것이 아니다. 자기가 비종교적이라고 느끼며, 그렇게 주장하는 근대인들도 여전히 수많은 은폐된 신화와 변질된 제의를 유지시키고 있는 것이다. 앞서 언급했던 것처럼 속화되기는 했을망정 여전히 갱신의 제의의 구조를 드러내고 있는 것이다. 결혼, 아기의 탄생, 새 지위의 획득, 사회적 진출 기타 등등에 따르는 잔치에서도 동일한 현상이 관찰된다. (〈성과 속〉 182)

논리와 이성이 지배하는 의식의 세계와 신비와 충동이 지배하는 무의식의 세계는 상호배타적인 관계가 되어서는 안 됩니다. 의식을 지배하는 기준으로 무의식의 세계를 함부로 재단해서는 안 됩니다. 그들의 세계는 각기의 독특한 기준으로 평가되어야 합니다. 이는 과학의 기준으로 종교나 신화가 말하는 세계의 리얼리티를 평가할 수 없으며, 종교나 신화의 세계가 가진 기준으로 과학의 리얼리티를 평가해서는 안 된다는 것입니다.

과학의 발달로 물질적인 생활이 더욱 더 풍요로워짐에도 불구하고, 점점 더 많은 신경증 환자가 발견되고 있습니다. 그리고 더 많은 수의 자살자가 나타납니다. 많은 정신적인 문제들은 삶의 의미의 부재에서 발생합니다. 그러나 엘리아데는 스스로를 비종교인이라고 믿는 현대인에게도 종교와 신화는 무의식에 은폐되어 있다고 주장합니다.

> 어떤 관점에서 보며, 자기가 비종교적이라고 주장하는 근대인들에게 있어 종교와 신화는 그들의 무의식의 어둠 속에 '은폐되어' 있다고도 할 수 있을 것이다. 그것은 또한 이러한 사람들에게 있어서 삶의 종교적 비전을 회복할 가능성이 깊은 곳에 감추어져 있다는 뜻이 되기도 한다. 혹은 기독교적인 관점에서 보면 비종교성은 인간의 새로운 '타락'에 해당한다고 할 수도 있다. 달리 말하면 비종교적 인간은 의식적으로 종교적인 삶을 살고, 그것을 이해하고 받아들일 능력을 잃었다. 그러나 그의 가장 깊은 존재 속에서는 그의 조상인 원시인들이 최초의 '타락' 이후에도 세계 안에 가시적으로 나타난 신의 흔적을 재발견할 수 있게끔 하기에는 충분한 정도의 기능을 유지했던 것과 마찬가지로, 종교의 기억이 유지되고 있는 것이다. (〈성과 속〉 189)

따라서 현대인들이 겪는 많은 정신적인 문제는 무의식과 의식의 대화단절에서 발생하는 증세이며 이는 또한 과학적 패러다임과 종교적 패러다임의 충돌에서 발생하는 문제이기도 합니다. 이 같은 문제는 의식주 문제의 해결로 치유될 성격이 아닙니다. 과학과 이성이 삶의 여러 영역을 지배하고 있는 현대인에게 오히려 종교와 신화의 세계가 더욱 필요하지 않을까요?

니체의 주장을 다시 한 번 상기한다면, 전통적 사회가 지나치게 디오니소스적 세계관에 지배되었다면, 현대는 지나치게 아폴론적인 가치관이 지배하는 세계가 아닐까요? 저는 두 대립되는 세계의 조화가 현대인이 나아가야 할 방향이라고 봅니다. 그리고 두 세계는 공존과 조화가 가능하다고 봅니다.

질문2: 현대사회는 포스트모더니즘적 가치가 지배하는 세계라고 합니다. 포스트모더니즘이 무엇입니까? 그리고 포스트모더니즘의 세계에서 가지는 종교의 의미는 무엇입니까?

이 질문은 앞의 질문과 연결되면서도 보다 심층적인 답을 요구하는 질문이라고 봅니다. 포스트모더니즘은 20세기 후반에 시작되어 현재까지 현대사회의 특징을 설명하는 가장 대표적인 세계관이라는 점에 많은 학자들이 동의하고 있습니다. 그러나 포스트모더니즘 이라는 말의 어원부터 시작하여 포스트모더니즘의 본질과 특징에 관한 논의는 아직 현재 진행형이기 때문에 포스트모더니즘에 관한 저의 답변 역시 제한적이라는 점을 먼저 밝히고 싶습니다.

포스트모더니즘에 관한 저의 견해는 전통적 가치관과의 차이와 대립이라는 점에서 시작됩니다. Postmodernism 이란 말의 의미는, 이 단어를 모더니즘의 연장선상에서 보는 학자, 모더니즘으로부터의 단절로 보는 학자, 모더니즘 이후의 시기에 나타나는 문화현상으로 보는 학자에 따라 달라집니다. 저는 세 번째 범주에 속하는 견해를 가지고 있습니다. 즉, 포스트모더니즘은 모더니즘이 활발하게 활동하였던 1960년대 이후의 시대에 나타나는 문화적 현상을 지칭하는 포괄적 용어라고 봅니다.

이런 관점이 유리한 이유는 포스트모더니즘을 모더니즘의 개념과 연관시키지 않기 때문입니다. 첫 번째와 두 번째의 견해를 따르는 학자들은 포스트모더니즘의 개념 설정을 위해 모더니즘의 개념 설정이 우선되어야 한다고 생각합니다. 이들은 모더니즘의 개념에 대한 논의에 몰입하여, 정작 포스트모더니즘에 대한 초점을 놓치기 쉽고, 모더니즘의 개념이 설정된다하더라도 그 다음 부터는 포스트모더니즘이 모더니즘의 연장선에 있다는 의견과 단절에 있다는 의견을 놓고 또 다른 논쟁을 시작해야 하기 때문입니다.

저는 포스트모더니즘을 모더니즘시대 이후의 문화현상을 총칭하는 말로 생각하고 논의를 시작하겠습니다. 이런 관점에서 보면 포스트모더니즘을 설명하는 것은 시기적으로 현대문화의 특징이 무엇인가를 설명하는 것이 되기도 하며, 현대인의 특징을 설명하는 것이기도 합니다. 그렇다면, 2차 세계대전을 전후로 한 모더니즘의 시대가 가고 1960년대에 발생한 대표적인 문화적 충격들을 살펴보기로 하지요.

먼저 아폴로11호가 달에 착륙했습니다. 달은 태양과 함께 아주 중요한 신화와 종교의 상징이었습니다. 지구에서 쏘아올린 로켓을 타고 세 명의 우주인이 달에 첫 발을 딛게 됩니다. 초음속 비행기가 개발되어 지구를 하루 만에 여행할 수 있는 세상이 되었고, D.D.D 전화로 세계의 어느 곳에서도 전화를 할 수 있게 되었습니다. 컬러 TV가 개발된 것도 1960년대였습니다. 조그마한 상자 안에 세계 각국에서 일어나는 일이 컬러로 생생하게 방송이 된 것입니다. 미국의 인권운동은 페미니즘운동을 전 세계로 확장시키기 시작하였습니다. 이와 같은 과학의 발달은 인류가 세상을 바라보는 시각 자체를 바꾸기 시작했고, 신화나 종교의 고유영역인 초월적 세계나 거룩함의 실체를 더욱 더 위협하기 시작했습니다.

그러나 이 같은 과학의 발달로 야기된 세계관의 변화 못지 않게 인간의 정신세계도 혁명적 변화를 겪게 되었는데, 그 시발점이 바로 자크 데리다의 해체주의철학입니다. 어쩌면, 포스트모더니즘을 이해하는 가장 쉬운 방법은 포스트모더니즘을 대표하는 철학사조인 해체주의를 이해하는 것일 지도 모릅니다. 해체주의는 이천년 이상 서구의 정신을 지배해 왔던 절대적 가치체계를 그 근본에서부터 해체하는 철학이니까요.

데리다는 서구의 정신사가 플라톤과 아리스토텔레스 이후 이성을 중심으로 하는 이원론적 대립구조를 바탕으로 하고 있으며, 이 이원론적 대립구조는 절대적인 진리의 토대를 제공했다고 보았습니다. 하지만, 20세기 후반에 들어 이같은 절대적인 진리는 과학과 정신의 진보에 힘입어 상대적인 진리가 되었다고 주장합니다. 사실, 진리의 절대성은 이항대립구조를 그 전제 조건으로 하고 있습니다. 예를 들면 진리/거짓이라는 이항대립구조에서 지금까지의 서구세계에서는 신을 중심으로 하는 절대적 진리의 세계와 그와 대립되는 거짓의 세계가 구별되었습니다.

> 자끄 데리다에 의해 시작된 해체이론의 가장 기본이 되는 개념은 우선 플라톤과 아리스토텔레스 이래 서구 형이상학의 근간을 이루고 있는 '이분법적인 사고방식'의 당위성에 대한 강력한 의문과 도전이다. 데리다에 의하면, 서구인들의 심층의식이나 서구사상의 근저에는 언제나 모든 것을 둘로 나누어 그 중 하나에 우선권 또는 특권을 주는 '이분법적 체계 the binary system'가 자리잡고 있다. 예컨대 말/글, 이성/광기, 문명/야만, 내부/외부, 남/여. 자신/타자, 선/악, 백/흑, 빛/어둠 등이 그 대표적 예인데, 서구인들은 둘 중 첫 번째 것에만 우선권을 주고 두 번째 것은 이차적인 것 또는 첫 번째 것의 오염된 형태로 '제외'시켜 왔다는 것이다. 데리다는 이와 같은 짝짓기를 '폭력적인 서열제도'라고 부르며, 첫 번째 것으로부터 특권을 박탈할 것을 제안한다. (〈포스트모던 소설과 비평〉 90)

하지만, 포스트모더니즘의 시대에는 천사/사탄, 실재/환상, 현실/꿈과 같은 이항대립구조의 경계가 무너지기 시작합니다. 문학에서도 메타픽션이라는 장르나 등장하는데, 메타픽션은 소설을 쓰는 소설가에 관한 소설입니다. 소설이라는 점은 어디까지나 픽션입니다. 하지만, 픽션을 쓰는 소설가는 실재하는 인간입니다. 메타픽션에서는 어디까지가 픽션이고 어디까지가 사실인지가 잘 구별되지 않습니다. 그림에서도 극사실화라는 장르가 있는데, 이것은 사진이라는 실재와 그 사진을 모방하여 그린 그림이 거의 구별되지 않습니다.

컴퓨터의 발달과 뇌신경과학의 발달로 가상현실과 실제현실 사이의 경계가 차츰 무너지고 있습니다. 어떤 경우에는 가상현실의 체험이 현실세계의 체험보다 더욱 더 생생하고 즐거울 때도 있습니다. 〈매트릭스〉에 등장하는 사이퍼는 가상현실에서 맛보는 스테이크 맛이 실제 현실에서 먹는 초라한 음식보다 더 맛있다고 주장하며, 가상현실을 택합니다. '알파고'라는 인공지능은 최고의 인간지능을 가진 이세돌과 바둑을 두어 이깁니다. 앞으로는 감정과 직관을 가진 인공지능도 개발한다고 합니다. 만일 인간의 두뇌를 아주 뛰어난 인공지능으로 교체한다면, 그는 인간일까요 아니면 로봇일까요. 인간과 로봇의 경계도 이전처럼 명확하게 구별되지 않습니다. 인간을 줄기세포로 복제하여, 그의 두뇌에 기억을 입력할 수 있다면 그는 기억의 본래 소유자와 어떻게 구별될 수 있습니까. 한 인간의 정체성을 기억이라고 한다면, 나와 동일한 기억을 가진 자는 나입니까 아니면 다른 사람입니까?

이전에는 모든 것을 이항대립구조로 설명할 수도 있었고, 그 둘을 구분하는 경계는 절대적이었습니다. 하지만, 데리다는 현대 사회에서 더 이상 이항을 대립시키고 구별하는 경계가 절대적이지 않다고 보았습니다. 어쩌면, 이것이 포스트모더니즘 현상에서 가장 두드러지는 특징이라고 볼 수 있지요. 요즈음 텔레비전을 보면 남성/여성의 절대적 경계가 차츰 모호해지고 있습니다. 이전에는 남성적 매력과 여성적 매력이 구별되었습니다. 하지만 요즘에는 여성 같은 남자, 남성 같은 여자가 매력적이라는 말도 있습니다. 남자는 남자다워야 하며 여자는 여자다워야 한다는 말은 포스트모더니즘 시대를 사는 현대인에게 더 이상 호소력을 갖기 힘듭니다.

데리다는 이 같은 현상을 이론화하고 체계화 하여 해체주의라는 철학을 창시했습니다. 데리다 이전에도 서양의 철학사에는 기존의 절대적 체계를 해체하고자 하는 시도가 있었습니다. 그 중 가장 대표적인 철학자가 니체입니다. 그의 유명한 말, "신은 죽었다"는 말은 신을 절대화 하던 서구문화의 근거 자체에 도전한 말입니다. 〈차라투스트라는 이렇게 말했다〉에 등장하는 초인 차라투스트라는 니체 자신의 철학사상을 말하고 있는데, 그의 말은 사실 데리다의 해체주의를 예고한 것처럼 보입니다. 그래서 어떤 사람은 해체주의의 시조는 데리다가 아니라 니체라고 주장하는 사람도 있습니다. 하지만, 니체가 해체주의사상을 파편적으로 때로는 시적으로 표현했다면, 데리다는 〈그래마톨로지〉라는 책을 통해 수천 년을 이어온 서구문화의 계보를 조사하고, 그 안에서 발견되는 일관성 있는 철학적 원리를 구별해 낸 다음, 그 철학적 원리 자체를 해체하여 이론을 정립하였다는 점에서 해체주의 철학을 정립한 공은 데리다에게 주어져야 할 것입니다.

"해체주의"라고 했을 때, 데리다가 사용한 단어는 "deconstruction" 입니다. 이 단어는 "destruction"과 구별되어야 합니다. "construction"은 집을 건축하는 것입니다. 서구철학은 집과 같은 건축물이라고 비유할 수 있습니다. 그 안에 구조와 체계가 있으니까요. 파괴(destruction)라는 것은 외부에서 충격을 가해 그 집 전체를 무너뜨리는 것입니다. 폭탄으로 파괴하는 것과 같지요. 해체주의는 파괴가 아닙니다. 서구의 철학을 건축물이라고 가정한다면 그 건축물의 기초를 내부로부터 해체하는 것이 해체주의의 특징이지요. 이를 김 성곤교수는 다음과 같이 설명합니다.

우선 주목해야 될 것은, 데리다는 결코 전통을 완전히 버리거나 전통의 밖에서 공격하고 있는 것이 아니라는 점이다. 말을 바꾸면, 그의 해체전략은 외부로부터의 파괴 destruct가 아닌 서구의 형이상학의 내부로부터의 해체 deconstruct라는 것이다. 전통에 속하면서 동시에 전통으로부터 벗어나려는 이러한 데리다의 태도는, 그가 그 어느 철학자나 사상가도 완전히 거부하는 법이 없다는 데에서도 잘 드러나고 있다. 즉 데리다는 다른 사람들을 외부에서 공격하는 대신 그들이 스스로 자기 모순적인 이론을 펴나가고 있는 것을 그들의 저술의 내부에서 포착하여 그들의 이론을 해체 dismantle 시키는 전략을 택하고 있다. (〈포스트모던 소설과 비평〉 81)

데리다는 서구철학의 건축물이 놓여있는 기초가 바로 이항대립구조라고 보았습니다. 신/인간, 이성/감성, 천사/사탄, 시작/종말, 남성/여성, 빛/어둠, 진실/거짓, 현실/환상, 역사/허구 등, 인간의 문화적 체계는 헤아릴 수 없는 이항대립구조로 형성되어 있습니다. 그런데 중요한 것은 이항대립구조의 앞에 것과 뒤에 것은 절대적 서열관계로 구성되어 있습니다. 신/인간에서 신은 인간을 창조하였고, 인간은 결코 신을 넘어설 수 없습니다. 남성/여성에서 남성은 여성보다 우월한 지배적인 위치를 차지하고 있습니다. 현실/환상에서 현실은 언제나 환상보다 진실합니다. 모든 이항대립구조의 앞의 항목과 뒤의 항목사이에는 절대적 서열관계가 있고, 그 서열은 거의 폭력적이라고 해도 과언이 아니기 때문에, 이항대립구조를 폭력적 서열관계라고 부르기도 합니다. 데리다는 서구의 이분법적 사고방식에 내재한 오류를 지적합니다. 그리고 이항대립구조의 서열관계를 전도시키는 것이 바로 해체주의의 본질이라고 주장합니다.

> 데리다는 또 서구사상이 지시기호/지시대상, 표면구조/심층구조, 야생/순치, 말/글, 근원/파생, 중심/주변, 실제/상징, 그리고 안/밖 등의 이분법적 사고방식에 근거하고 있다고 말하며, 사실은 상반되는 것처럼 보이는 이 두 가지 요소들이 상반되면서도 동시에 내적으로는 긴밀하게 연관되어 있기 때문에 이와 같은 이분법적 태도는 오류라고 주장한다. 이러한 오류는 공통된 언어라는 매개체를 쓰는 이유로 해서 부지불식간에 작가들에 의해 작품 속에 주입되기 때문에, 성실한 책읽기를 통해 그와 같은 오류—곧 '현존'에 대한 착각과 이분법적 사고방식—를 찾아내고 그것이 사실은 불안정하며 전도될 수도 있다는 것을 보여 주는 것이 바로 해체이론의 기본전략이 된다. (〈포스트모던 소설과 비평〉 69-70)

서구철학의 건축물을 내부로부터 해체하는 가장 효과적인 전략이 무엇이겠습니까? 데리다는 이항대립구조의 폭력적 서열관계를 해체하는 것이 바로 그 전략이라고 보았습니다. "해체주의"라는 단어도 여기에서 나온 것 같습니다. 거기에는 두 가지 방법이 있습니다. 하나는 서열관계를 규정하는 경계 자체를 허물어 버리는 방법입니다. 다른 하나는 이항대립구조의 서열을 뒤바꾸어 버리는 것입니다. 이 두 가지 해체주의 전략은 포스트모더니즘 현상을 설명하는데 아주 효과적입니다. 페미니즘도 대표적인 포스트모더니즘 현상이라고 볼 수 있습니다. 남성/여성이라는 가부장제도의 서열적 남녀관계의 경계를 허물거나 순서를 바꾸어 여성/남성으로 서열을 뒤바꾸면 페미니즘이 됩니다. 또한 LGBT와 같이 성적정체성의 경계선에 서 있는 성적소수자들은 포스트모더니즘시대에서 더 이상 배척당하지 않습니다. 해체주의는 남성/여성의 뚜렷한 경계를 허물거나 뒤바꿀 수 있으니까요.

데리다의 해체이론은 바로 이 부단한 '자리바꿈'에서부터 시작되고 있다. 말을 바꾸면, 데리다는 이 모든 이항대립적 요소들이 서로 배타적이고 상충적이라기보다는, 사실 서로 대체될 수도 있고 또 서로 보충될 수 있는 '상호보존적 supléer'인 존재라는 인식을 토대로, 그 두 요소 사이의 서열과 경계를 무너뜨리고 자유로운 '치환'을 허용하는 것으로부터 자신의 해체작업을 시작하고 있다는 것이다. (〈포스트모던 소설과 비평〉 90)

요즈음에 대학가의 화두로 등장하는 융복합학문, 콜래보레이션, 산학협력 등의 신조어도 포스트모더니즘 현상중의 하나입니다. 각 학문들간의 절대적 경계가 무너진 결과입니다. 해금과 바이올린이 협연을 하기도 하고, 성악과 창이 한 무대에서 공연하고, 발레와 비보이댄스가 어우러지는 것, 뉴욕의 맨해튼에서 김치햄버거를 먹는 것 등은 해체주의적 철학이 다양한 문화장르에 적용된 것이라고 볼 수 있지요. 영화 〈블레이드 러너〉, 〈매트릭스〉, 〈아바타〉와 같은 영화도 어디까지가 가상현실이며, 어디까지가 진정한 현실이냐를 관객에게 묻는 포스트모더니즘 영화라고 볼 수 있습니다.

911 사건을 둘러싼 수많은 음모론도 현실정치의 이면에 숨어서 정계, 재계, 언론계를 조정하는 보이지 않는 권력집단을 가정한다는 점에서 포스트모던적 현상입니다. 광화문의 촛불문화제는 정치행위/문화행사의 경계를 허물었고, 정치엘리트/국민이라는 전통적 서열관계를 전복시킨 포스트모던적 문화 현상의 하나로 볼 수도 있습니다. 다수의 국민이 SNS의 실시간 정보 공유를 통해 이전에는 불가능했던 직접민주의 새로운 가능성을 보여준 문화현상이라고 볼 수 있다는 점에서 직접민주주의/대의민주주의의 경계를 허물었기 때문입니다.

구미에서 포스트모더니즘 문화를 수입했던 한국이 이제는 촛불문화제라는 새로운 문화/정치적 상품을 수출하게 된 셈이지요.

다문화주의도 같은 맥락에서 볼 수 있습니다. 이항대립적 사고체계에서는 중심/주변의 경계가 절대적이었습니다. 서양/동양, 백인/유색인, 중심문화/주변문화 등의 서열관계가 있었습니다. 하지만, 중심문화와 주변문화를 나누는 경계를 해체하고 나면, 각기의 문화가 고유의 중심을 갖게 됩니다. 다수의 문화가 서로 경쟁하지 않고 각 문화의 고유성을 유지한 채, 다른 문화와 공존하는 현상을 문화 다원주의라고 합니다. 미국에서도, 한 때는 멜팅 포트(melting pot)라는 이민정책이 있었습니다. 다양한 이민자들의 문화를 거대한 솥에 넣고 끓여서 미국문화라는 지배적인 문화를 만들어 내자는 문화제국주의적인 정책이었지요. 하지만, 그 정책이 실패한 후 새롭게 채택한 이민문화정책이 샐러드 보울(Salad Bowl) 이론입니다. 각기의 색채와 향기를 가진 야채나 과일을 뒤섞지 않고 넓은 접시에 담아 고유의 맛을 즐기는 것처럼, 각 문화의 고유성을 있는 그대로 인정하고, 다른 문화와 대등한 위치에서 교류하자는 포스트모더니즘적 발상입니다. 결국 WASP로 대표되는 미국의 중심문화와 다양한 이민자들의 문화 사이에 있는 폭력적 서열관계를 허무는 포스트모던적 문화 현상으로 볼 수 있습니다.

질문3: 포스트모더니즘은 현대적이고, 민주적이고, 개방적이고, 대중적인 문화현상처럼 보입니다. 지금까지 포스트모더니즘의 긍정적인 부분을 많이 본 것 같은데 그 반대의 면, 즉 포스트모더니즘이 가진 위험성이나 부정적인 측면은 없습니까?

모든 문화이론에는 그 나름의 장단점이 있습니다. 이항대립구조를 철학적 사유의 근거로 삼는 구조주의도 장점이 있고, 이항대립구조를 해체하여 결국은 구조주의에 대립하는 해체주의 역시 장점이 있습니다. 동시에 구조주의에도, 해체주의에도 문제는 있습니다.

따라서 해체주의나 포스트모더니즘을 바라 볼 때, 우리는 그것이 가진 긍정적 측면과 부정적 측면을 동시에 볼 수 있어야 합니다. 그때 비로소 포스트모더니즘, 나아가 현대인의 가치체계에 대한 정당한 평가를 할 수 있습니다. 포스트모더니즘의 단점을 파악하기 위해서는 포스트모더니즘의 기초가 되는 해체주의의 단점을 파악하는 것이 쉽습니다.

해체주의의 가장 큰 장점이 무엇입니까? 그것은 이항대립구조가 지닌 폭력적 서열관계를 해체하는데 있습니다. 남/녀, 서양/동양, 중심문화/주변문화를 구별하는 절대적 경계를 허물어 종속적이고 하위에 속한 요소를 폭력적 서열관계에서 해방시킨 점이 해체주의의 가장 큰 공로입니다. 그런데, 바로 이 같은 이 장점이 또한 가장 큰 약점이 될 수 있다는 데 해체주의의 한계가 있습니다.

이를 먼저 철학적으로 설명해 보지요. 데리다의 해체주의는 구조주의철학에 대한 비판으로 볼 수 있습니다. 이항대립구조는 소쉬르라는 언어학자가 언어의 구조를 연구하면서 발견한 개념이기 때문입니다. 그는 언어에서 랑그/파롤을 구별하고, 랑그만이 언어학의 연구대상이라고 주장하였습니다. 랑그란 언어의 추상적 구조를 말하고, 혀나 근육 등 조음기관을 통해 언어활동을 구체적으로 수행하는 것을 파롤이라고 합니다. 그는 언어의 보이지 않는 추상적 구조가 파롤보다 우선하며, 더욱 중요하다고 보았으며, 파롤은 랑그에 종속되며 지배당한다고 보았지요. 랑그와 파롤사이에 폭력적 서열관계가 있습니다. 이 같은 이항대립구조를 언어연구에 적용한 언어학을 구조주의 언어학이라고 부릅니다. 이런 점에서 소쉬르를 구조주의의 언어학의 아버지라고 부릅니다.

말리노프스키 등 인류학자는 이항대립구조를 기초로 한 구조주의를 인류학에 적용하여 구조주의 인류학을 발전시켰고, 구조주의는 해체주의가 등장하기 전에 철학, 언어학, 인류학, 종교학 등 여러 문화현상을 설명하는 가장 강력한 이론중의 하나였습니다. 구조주의를 요약하자면, 눈에 보이는 현상의 이면에는 보이지 않는 추상적 구조가 존재하며, 현상은 구조에 의해 지배되고, 구조에는 이항대립구조가 있다는 것입니다.

구조주의는 어쩌면 플라톤부터 이어져 내려온 서구의 이분법적 사유체계의 핵심이기 때문에 전통적 사유체계가 가진 구조와 일관성을 설명하는 가장 적절한 이론일 수도 있습니다. 하지만, 구조주의의 한계와 단점은 앞에서 밝힌 바와 같이 구조를 유지하기 위해서는 이항대립의 필요성이 있고, 이항의 대립사이에는 절대적 서열이 있어야 한다는 것입니다. 중세의 신학체계는 신/인간이라는 절대적 서열관계를 전제할 때 가능합니다. 서구의 이성 중심적 철학체계는 이성이 감성보다 우월하다는 전제하에서 가능합니다. 정신이 육체보다 우월하다는 것도 정신과 육체의 서열관계를 보여줍니다.

데리다의 해체주의는 이천 년간 서구 문화를 지배해 왔던 이성 중심적 사유체계에 대한 비판에서 시작됩니다. 그는 구조주의가 가진 한계와 문제점을 보았습니다. 그리고 다양한 문제들의 근원에는 언제나 이항대립구조의 폭력적 서열관계가 있다는 것을 알게 되었습니다. 그 서열관계를 해체한 것이 해체주의의 핵심입니다.

자 그런데 가장 큰 문제는 이항대립구조를 해체하고 나면, 해체하는 자가 설 수 있는 구조가 상실되어 버리는 데 있습니다. 일반적으로 우리가 상대방의 의견을 비판할 때, 그 비판이 설득력을 갖기 위해서는 그 의견을 대신할 수 있는 대안을 제시해야 합니다. 즉, 우리는 상대방의 의견이 갖고 있는 구조적 모순을 지적하면서, 보다 완전한 구조를 제공해야 합니다. 이것을 대안이 있는 비판이라고 하지요. 비판을 위한 비판이 비판받는 이유는 그 비판에 대안적 구조가 없기 때문입니다.

해체주의는 구조주의가 생산하는 병리적 문화현상을 비판합니다. 하지만, 해체주의의 비판에는 대안적 구조가 없습니다. 왕정체제에 대한 대안적 비판은 민주주의체제라고 할 수 있습니다. 왕정을 비판 한다 해도, 그것을 대신할 수 있는 다른 대안이 없는 한 왕정체계는 지속될 수 밖에 없습니다. 토마스 홉스가 말한 대로 "만인에 대한 만인의 투쟁" 가운데서 살 수는 없으니까요. 악법도 법이라는 소크라테스의 말은 문제가 있는 법이라도, 그것을 대신 할 수 있는 더 좋은 법이 없는 한, 법이 없는 것 보다는 낫다는 말 아니겠습니까?

해체주의는 구조주의의 문제를 효과적으로 지적할 수는 있지만, 구조주의를 대신할 그 어떤 대안도 주지 못합니다. 존재하는 모든 것에는 구조가 있습니다. 생명의 구조는 파편들의 집합이 아닙니다. 길가의 이름 없는 새 한 마리나 풀 한 포기도 생태계라는 거대한 유기적 구조 안에서 그 존재의 독특한 의미가 주어집니다. 개별적으로 존재하는 것도 사실은 보이지 않는 구조의 유기적 구성원으로 존재하며, 그 안에서 독특한 존재의 의미와 역할이 주어집니다. 구조가 없으면 질서와 의미를 상실하기 쉽지요.

어떤 포스트모더니스트들은 "의미" 대신 "유희"라는 말을 사용하며 이렇게 이야기 합니다: "인생에 그 어떤 의미를 찾으려고 하지 마라. 원래부터 절대적인 의미를 가진 것은 존재하지 않아. 차라리 인생을 게임처럼 유희하는 것이 즐겁지." 인간에게 절대적 가치가 상실되고, 상대적인 가치만이 지배할 때, 거기에 의미라는 것이 존재할까요? 의미라는 것은 절대성과의 관계속에서 설명될 수 있는 개념입니다. 내가 가진 절대적 가치가 다 무너지고, 내가 넘어서는 안 되는 금기의 마지막 경계선 마저 더 이상 존재하지 않는다고 가정해 봅시다. 그것이 축복일까요 아니면 저주일까요? 포스트모던적 사유체계는 절대적인 진리와 궁극적인 의미에 대한 확신을 붕괴시킵니다.

> 플라톤 이래 서구 형이상학의 이와 같은 이분법적 사고방식은 고정되어 있고 불변하는 절대적인 '진리 veritas,' 궁극적인 '목적 telos' 또는 본원적인 '근원 arché'의 현존—즉 데리다가 의미의 '중심 center'이라고 부르는 것의 현존—을 전제로 하는 것이었다. 그러나 데리다는 그러한 것이 현존이라는 생각은 다만 우리의 착각일 뿐이라고 주장함으로써 그와 같은 형이상학적 확신을 붕괴시킨다. 데리다에 의하면, 우리가 현존하고 있다고 믿는 의미의 '중심'은 사실 '언제나 이미 부재해 있는 현존의 흔적 the mark of an always already absent presence' 또는 현존의 '자취 trace'일 뿐이다. 따라서 의미의 '중심'을 찾는 작업은 마치 자위행위가 그러한 것처럼 결코 소유할 수 없는 대상에 대한 상상 속에서의 강렬한 '욕망 desire'에 그칠 뿐, 사실은 숙명적으로 실현 불가능한 일이 되는 것이다. (〈포스트모던 소설과 비평〉 166)

하지만 인간의 인격에는 보이지 않는 질서가 있습니다. 그 질서 안에서 무의미한 행동과 의미 있는 행동을 구별할 수 있습니다. 그 안에서 선과 악의 가치판단이 성립됩니다. 만일 해체주의를 자신의 삶에 극단적으로 적용하여 자신에게 존재하는 마지막 구조마저 해체한다면, 그는 정신적 무정부상태나 정신병자가 되기 쉽습니다. 우주도, 자연도, 인간의 신체도, 인간의 정신도 일종의 구조이기 때문입니다. 질서의 또 다른 말은 구조입니다.

하지만, 다행스럽게도 해체주의는 구조주의의 한계를 보완하는 수준에서 적용되고 있습니다. 그것이 현실적이며, 해체주의를 최대한 선용하는 것이지요. 구조주의가 갖고 있는 여러 가지 장점에도 불구하고, 구조주의가 지나치게 경직되었을 경우에 그것은 급변하는 현대의 상황에 어울리지 않는 사상이 되거나 많은 부작용을 낳게 됩니다. 구조주의의 한계나 문제점을 지적하고 비판하는데 해체주의 이상의 철학은 없습니다. 그러나 해체주의는 대안을 제시할 수 없습니다. 영양제가 주식을 대신 할 수 없는 것처럼, 해체주의가 구조주의를 대체할 수는 없습니다.

자본주의경제이론이 부의 배분을 양극화하여 자본주의의 문제점을 드러낼 때, 우리는 자본주의를 포기하기 보다는 자본주의이론을 수정합니다. 국가의 개입을 최소화한 아담 스미스의 고전적 자본주의 시스템에 문제가 발생했을 때, 유럽은 국가 주도의 사회 복지정책을 도입하여 자본주의를 수정했습니다. 그것을 수정자본주의라고 부르지요. 마찬가지로 구조주의가 남녀차별을 영구화하거나, 인권을 보호하지 못하거나, 문화헤게모니를 조장할 때, 구조주의는 해체주의의 비판을 받아 마땅하며, 경직된 구조주의의 궤도를 수정하고 21세기의 문화현상에 적응하고 진화해야 합니다. 저는 그것을 "수정구조주의"라고 부르고 싶습니다. 경직된 구조주의의 문제점을 해체주의의 관점에서 지적하고 비판하는 것이 해체주의자가 되는 것이 아니라, 구조주의를 보다 유연하고 생명력 있게 만드는 과정이라는 것입니다. 엄밀하게 말하면, 100퍼센트의 해체주의자가 되는 것은 불가능합니다. 해체주의가 극단까지 가게 되면, 논리의 구조자체가 해체됩니다. 언어의 구조 자체를 해체하게 되고, 의미의 전달 가능성 자체를 부정하는 경지에 도달하게 됩니다.

요즈음의 철학자들은 해체주의, 혹은 포스트모더니즘의 문제와 한계를 서서히 자각하기 시작합니다. 그들은 〈포스트모더니즘을 넘어서〉 와 같은 책을 통해 해체주의가 종말을 맞이하고, 그 후의 세계는 해체주의에 대한 반작용으로 보다 전통적인 가치관이 강조되는 시기가 도래할 것을 전망합니다.

하지만, 저는 개인적으로 해체주의는 늘 필요하다고 봅니다. 구조주의의 독주를 견제하기 위해서 해체주의적 관점은 구조주의를 위해서도 필요합니다. 자동차를 몰아본 사람은 잘 알겠지만 브레이크의 성능이 좋을 때, 마음껏 속도를 낼 수 있습니다. 구조주의에도 해체주의라는 브레이크가 필요합니다. 하지만 브레이크는 결코 액셀러레이터를 대신할 수 없습니다. 그것은 어디까지나 견제기능이지요.

포스트모더니즘이 요즈음 한국에서 유행하는 문화현상이다 보니까, 유행에 민감한 한국의 젊은이들이 포스트모더니즘(혹은 해체주의)이 가진 위험성을 자각하지 못하고, 포스트모더니즘을 대안적 문화로 착각하는 경향이 있습니다. 저는 포스트모더니즘이 비판적 문화이지 결코 대안적 문화가 될 수 없다고 밝혔습니다. 포스트모더니즘이 대안적 문화가 될 때, 오히려 포스트모더니즘의 생명을 단축시킬 위험성이 있지요. 저는 포스트모더니즘이 경직된 구조주의를 견제하고 수정할 수 있는 비판적 문화로 영원히 살아남기를 바랍니다. 포스트모더니즘과 구조주의의 상호견제가 가능한 문화야 말로 보다 현실적이며 강한 생명력을 가진 문화로 살아남을 것이라고 예측하기 때문이지요.

해체주의의 한계를 보완하고자 하는 문화현상들이 미국을 비롯한 해체주의의 본 고장에서 이미 목격되고 있습니다. 신화나 종교, 뉴에이지즘, 영성운동, 신비주의, 요가, 영지주의 등 초월적인 세계에 대한 관심이 최근 급증하는 것은 포스트모더니즘이 현대인에게 제공해 주지 못하는 궁극적 질서와 의미, 초월적 실재에 대한 그리움이 아닐까요?

저는 이런 점에서 신화나 종교의 연구는 특히 포스트모더니즘 시대를 사는 현대인에게 더욱 절실하다고 봅니다. 신화나 종교는 인간 종족이 지구상에 존재하기 시작할 때부터 스스로에게 묻는 궁극적 질문에 대한 답변의 과정 속에서 생겨난 것이기 때문입니다. 삶이 유희라고 주장하는 자에게 신화와 종교는 삶에는 숭고한 의미가 있다고 말합니다. 부처는 삶의 유희를 포기하고 삶의 의미를 찾아 왕자의 삶을 버리고 가출했습니다. 포스트모더니즘이 유희로서의 삶을 강조한다면, 의미로서의 삶을 강조하는 종교나 신화가 더욱 절실할 때가 아닐까요?

질문4: 종교는 성스러움의 영역을 자신의 고유 영역으로 삼습니다. 정치는 권력과 돈과 협잡이 난무하는 세속적인 영역입니다. 요즈음 미국이나 한국에서 기독교가 정치에 많은 영향을 미치는 것을 목격했습니다. 가장 거룩해야 할 종교가 가장 세속적인 정치와 어떤 방식으로 결합됩니까?

이 문제는 아주 복잡합니다. 수십 권의 책을 써도 부족할 것입니다. 저는 종교와 정치의 역학관계에 대해 기독교의 예를 들어 설명해 보겠습니다. 인류 역사에서 종교와 정치가 가장 극적으로 결합되는 사건은 313년에 로마의 황제 콘스탄티누스 황제가 발표한 밀라노 칙령이라고 할 수 있습니다. 여기에서 그는 기독교를 로마의 국교로 공인하지요. 이제까지 로마에서 박해받던 이단 종교가 가장 막강한 제국의 국교로 등장하는 순간입니다.

콘스탄티누스 황제가 어떻게 기독교도 되었느냐에 대한 설은 여러 가지가 있습니다. 그 중 가장 대표적인 설은 제국의 운명을 결정할 전쟁이 있기 직전 꿈을 꾸게 되는데, 그 꿈에서 십자가를 방패에 그리고 전쟁에 나가면 승리할 것이라는 신의 목소리를 들었다고 합니다. 그래서 십자가 문양을 방패에 붙이고 전쟁에 참가해서 패배의 가능성이 짙었던 전쟁에서 기적적으로 승리했다고 합니다. 그것이 그가 황제가 기독교로 개종한 이유라고 하는 설이 가장 잘 알려져 있습니다.

개인적으로 저는 그런 설을 별로 믿고 싶지 않습니다. 칼을 든 자는 칼로 망한다. 살인하지 마라. 원수를 사랑하라. 왼쪽 뺨을 때리면 오른 쪽 뺨을 내 놓으라는 예수의 복음 안에는 사랑과 비폭력 그리고 희생정신이 강조되었습니다. 예수는 로마 제국의 통일에 대한 야망에 불타는 콘스탄티누스 황제가 가졌던 가치관과는 전혀 반대가 되는 가치관을 강조한 셈이지요. 제가 개인적으로 생각하기에는 당시에 여러 갈래로 나뉘어져 있는 종교들을 하나의 종교로 통일하는 것이 로마의 정치적, 군사적인 통일에 더 유리하였다고 판단하였을 지도 모릅니다. 게다가 로마의 신흥종교로 급성장하고 있는 기독교의 세력을 더 이상 폭력적인 박해로 저지할 수 없는 상황이 되었을 가능성도 무시할 수 없습니다. 기독교를 공인한 공로를 인정해서 콘스탄티누스를 성자로 받들자는 움직임도 있었지만 저는 그가 기독교를 국교로 공인한 이유는 정치적인 동기에 있다고 봅니다. 요즈음에는 저의 추측을 지지하는 자료들이 속속 들어나고 있습니다. BBC, Discovery Channel 등 세계유수의 다큐먼터리 채널에서 그의 개종을 정치와 권력과의 관계에서 재조명하고 있습니다.

콘스탄티누스황제가 기독교를 공인한지 얼마 지나지 않아 로마의 기독교는 유대교 등 타종교를 박해하기 시작합니다. 피해자가 가해자로 변신한 셈이지요. 평화와 사랑의 종교인 기독교를 국교로 삼은 국가에서 말입니다. 이게 말이 됩니까? 종교와 권력이 손을 잡을 때, 종교는 반드시 타락의 길을 가게 됩니다. 십자군 전쟁, 유대인 학살 등 인간이 인간에게 가한 잔인한 만행은 아이러니칼하게도 예수님의 이름으로 자행되었습니다. 자 이제 그 원인을 추적해 보기로 합시다.

종교는 본래, 개인적이고 주관적인 영적 체험을 강조합니다. 종교의 본래의 목적은 한 개인의 존재양식의 변화입니다. 육적인 인간에서 영적인 인간으로 변모하는 것, 윤회의 사슬에 묶여 있는 존재가 해탈한 존재로 변화하는 것, 마호메트를 통해 계시된 알라의 계명에 충실히 순종함으로써 경건하고 윤리적인 인간으로 변화되는 것 등이 각 종교의 본래 목적이었습니다. 이 같은 종교의 본질은 집단화, 제도화의 과정을 통해 권력과 결탁하면서 변질과 타락의 과정을 겪게 됩니다. 불교나 회교도 유사한 변질과정을 겪지만, 기독교가 가장 극적인 변질과정을 겪게 됩니다. 가장 막강한 권력을 가진 종교집단이 되니까요. 종교와 정치의 최초의 극적인 만남이 313년 밀라노 칙령에서 시작된 것입니다.

한 개인의 인격의 변화가 본래의 목적이었던 기독교가 국교로 공인

되자 기독교는 국가의 권력을 배후에 가지게 됩니다. 국가의 권력을 등에 업은 기독교는 교세를 확장하기 시작합니다. 교세확장은 두 가지 전략으로 진행됩니다. 공격적 선교와 이교도 박해입니다. 그 결과 신도수가 급증합니다. 이 때 수많은 신도를 통제하고 관리할 종교전문가들이 등장합니다. 그들이 성직자 계급입니다. 정치 권력자들은 성직자를 통해서 자신의 권력을 하나님의 이름으로 정당화하고, 그 대신 금전과 권력을 나누어 줍니다. 이제 성직자들은 지배계급으로 등장합니다. 정치가들이 권력과 돈으로 백성의 육체를 지배한다면, 성직자들은 설교와 종교제도를 통해 국민의 영혼을 지배하게 되지요.

성경의 정경화 과정이나 교리의 확립은 성직자의 권력을 더욱 공고히 합니다. 397년 카르타고 제3차 교회회의에서 신약성경이 27권으로 확정되었고, 연이어 사도신경이 확정되었습니다. 표면적으로 보면, 기독교의 교리를 단일한 형태로 통일하기 위한 목적으로 보입니다. 하지만 거기에 숨은 또 다른 목적은 소위 이단을 색출하고 제거하기 위한 사전 준비 작업이 될 수도 있습니다.

우선 성경의 정경화 작업을 봅시다. 지금은 신약성경이 27권으로 확정되었지만, 예수님이 돌아가신지 300년이 지난 그 당시에는 수백 권의 예수님의 말씀과 행적을 기록한 소책자들이 아마도 수백 권이 넘게 있었을 것입니다. 모두가 다 진짜 예수님이 하신 말씀이라고 주장했지요. 여기에서 27권만을 골라내어 편집한 것입니다. 카르타고 제3차 교회회의(397년)에서는 정경으로 인정되는 27권의 성경 외에 다른 모든 성경은 이단 서적으로 선포됩니다. 처음에는 기독교도들에게 종교의 자유을 허락하는 데서 기독교의 공인이 시작되었지만, 기독교는 황제의 권력을 등에 업고 세력을 확장하게 되었고, 테오도시우스 황제에 이르러 기독교외의 모든 종교를 금지하고 박해하게 됩니다.

250년간 기독교를 믿는다는 이유 하나만으로 박해의 피해자가 되었던 기독교는 이제 기독교를 믿지 않는 다른 종교를 박해하는 가해자로 둔갑하게 됩니다. 이때 부터 기독교를 믿지 않으면, 로마 국민으로의 특권을 누리기가 차츰 힘들어지게 되었고, 성직은 부와 권력과 명예를 손쉽게 획득하는 선망의 직업이 된 것입니다. 권력의 맛을 본 로마교회는 이제 한 개인의 삶의 변화에 집중하기 보다는 교회의 세력 확장에 더욱 큰 관심을 가지게 되었고, 선교와 박해라는 칼과 방패로 무장하고 유럽을 기독교화하기 시작합니다.

교회는 이단을 심문, 판정, 처형하는 초법적 조직을 갖추게 되고, 교황을 수장으로, 추기경, 주교, 신부로 구성된 엄격한 위계조직을 가진 로마 카톨릭 교회로 발전합니다. 성직자의 권위에 도전하거나 이익에 반하는 발언이나 행동을 한 사람들 중 수 많은 사람들이 이단으로 판정받아 화형에 처해졌습니다. 자신들이 허용하는 27권의 성경외의 성경을 소지하는 것만으로도 이단으로 판정되기 때문에, 다른 모든 성경들은 폐기되었습니다.

하지만 1945년 이집트의 낙 하마디라는 곳에서 항아리에 숨겨진 수십권의 다른 성경들이 발견되었습니다. 그 성경의 번역에 참여한 프린스턴대의 일레인 페이젤교수는 낙 하마디의 발견은 사해 성경의 발견과 함께 가장 의미 있는 고고학적 발견이라고 합니다. 성경이 정경화되던 그 당시의 정치적, 종교적 상황을 상세히 파악할 수 있는 구체적인 사료가 되었으니까요. 그곳에서 발견된 수십 권의 영지주의 성경은 그 당시에 얼마나 다양한 성경들이 존재했는가를 보여주는 역사적 증거입니다. 그 성경은 우리가 가진 27권의 성경과 유사한 부분도 있지만, 그리스도의 삶을 전혀 다른 시각으로 조명한 책들입니다. 일레인 페이젤교수는 27권의 성경이 채택되고 나머지 책이 배제된 배경에는 당시 로마 주교 아타나시우스와 영지주의자 발렌티누스 사이의 권력 투쟁이 있다고 주장합니다.

교회와 정치권력이 결탁한 사회를 제정일치 사회라고 부릅니다. 이 사회에서 교회는 세속적 권력을 활용하여 교회의 세력을 확장하고, 정치는 교회로부터 자신의 권력이 하늘로부터 온 합법적인 권력으로 공인받습니다. 중세시대의 로마 가톨릭교회는 구약성경에 등장하는 이스라엘 민족의 제정일치 사회와 유사한 공동체를 꿈꾸었는지도 모르지요.

교회와 정치의 일치가 빚어내는 문제는 단지 중세시대의 문제가 아닙니다. 1630년 천여 명의 영국 청교도들이 매사추세츠 만에 그들의 식민지를 개척할 때, 그들이 꿈꾸는 사회는 "청교도 공화국"이었습니다. 영국에서는 국교도로부터 탄압을 받았던 청교도들이, 대서양을 건너오자, 이제는 자신들이 가해자가 되어, 청교도가 아닌 모든 종교를 박해하였습니다. 17세기 말엽에 있었던 세일럼 마녀 사냥에서는 19명의 무고한 마을 사람들이 마녀로 몰려 교수형에 처해졌습니다. 퀘이커 교도 박해, 추수감사절 인디안 학살, 마녀사냥 등은 국가가 국가종교를 갖는 것이 얼마나 위험한가를 보여 주는 역사적 사례입니다. 이 같은 사건이 있고 난 이후에야 비로소, 수정헌법 제 1 조 (국가는 국가종교를 가질 수 없다)가 헌법에 추가됩니다.

종교가 제도화되고 정치와 결탁할 때, 종교는 그 자체의 순수성을 잃기 쉽습니다. 이 같은 예는 세계역사에서 반복되고 있지요. 국가라는 세속적인 공동체가 국가종교를 가질 때, 종교와 정치는 결탁할 수밖에 없습니다. 종교개혁의 기치를 들고 칼뱅이 제노바에 실험적인 신정일치 사회를 수립하였지만, 결국 많은 문제점을 남긴 채 실패로 돌아갔고, 매사추세츠 식민지에 청교도 공화국을 수립하려던 존 윈스롭의 꿈도 실패로 끝났습니다. 국가가 특정 종교를 국가의 종교로 가질 때, 그 국가 안에서 다른 종교를 가진 사람들의 존재는 어떻게 됩니까? 이런 점에서 정치와 종교의 분리는 그 나라의 민주주의를 가늠하는 중요한 기준이 됩니다. 국가가 종교를 가질 수 없을 때, 개인은 종교의 자유를 갖습니다.

1948년 이스라엘의 건국이후 진행되고 있는 중동 분쟁의 배후에는 한 국가가 국가종교를 가질 때 발생하는 위험성을 보여줍니다. 이스라엘 국가의 설립의 배후에는 종교와 정치의 결탁이 있었고, 그에 대립하는 아랍권의 저항에도 종교와 정치의 결탁이 있다고 추론할 수 있습니다. 중동지역의 분쟁의 배후에는 석유라는 경제적인 이유 외에도, 유대교, 이슬람교, 기독교와 결탁한 정치세력이 그 배후에 있습니다. 이스라엘이 점령하고 있는 예루살렘에는 유대교, 기독교, 이슬람교의 세 성지가 모여 있습니다.

세 개의 대표적인 유일신교의 성지가 한 곳에 있기 때문에 이곳은 현재 진행되는 중동 분쟁의 발화점이 될 뿐만 아니라, 과거 십자군 전쟁의 발화점이기도 했습니다. 중동지역의 많은 국가가 이슬람을 국교로 삼고 있고, 이스라엘은 유대교를 종교로 가진 민족이며, 미국은 한 때 청교도를 국가종교로 가진 국가이고 아직도 보수 기독교들의 정치적 입김이 강한 나라입니다. 이스라엘의 건국, 중동 분쟁, 911사태, 테러와의 전쟁, IS의 준동 등의 문제는 종교와 정치와의 결합이 초래한 문제와 결코 무관하지 않습니다.

하지만 제도화된 교회, 정치세력과 결탁한 종교에 대한 자기정화의 노력 또한 교회사의 또 하나의 흐름으로 지속되고 있습니다. 예를 들어 콘스탄티누스 황제가 기독교를 공인했을 때, 세속화되는 기독교의 장래를 예견하고 사막으로 들어가 명상과 금욕적인 생활로 하나님과의 깊은 교제를 시도한 사람도 있습니다. 대표적인 사람이 성 안토니우스입니다. 신비주의적이고, 영적이고, 금욕적이며, 내면적인 종교를 지향하며, 기독교의 순수성을 지향하는 이 같은 무리들이 수도원 운동을 시작하였습니다. 프란시스코 형제단, 도미니쿠스 형제단 등은 이 같은 수도원 운동의 대명사격이 되었지요. 그들은 아직까지 독신, 개인재산의 부정, 청빈, 순종의 계명을 지키며, 기독교의 순수성을 유지하고자 합니다. 기독교는 박해 받던 원시기독교에서 국가종교가 됨으로 제도화와 세속화의 과정을 겪게 되지만, 또 그 안에서 끊임없는 자기정화의 노력을 멈추지 않습니다.

제가 본서에서 "신화" 혹은 "종교"라고 했을 때, 제가 말하는 종교나 신화는 주로 제도화되기 이전, 정치와 결탁하기 이전의 신화, 혹은 종교를 의미합니다. 엘리아데, 칼 융, 조셉 캠벨이 말하는 신화, 종교는 보다 개인적이고, 내면적이고, 신비적이고, 초월적인 성격을 띱니다. 이같은 종교는 한 개인의 삶을 변화 시키는 내면으로 부터의 혁명을 목적으로 할 뿐 정치적 혁명에 쉽게 이용되지 않습니다.

나가면서

지금까지 여러분들은 신화와 종교의 세계를 만나기 위해 저와 함께 여섯 고개를 건너오셨습니다. 여러분들은 여러 고개를 건너면서, 신화와 종교가 지닌 초월적 진리의 편린들을 보거나 맛보았을 것입니다. 이 여섯 고개를 넘었다는 것은 신화와 종교의 세계를 섭렵했다는 것이 아니라, 이제 진정으로 신화와 종교의 넓고 깊은 바다를 향해 항해할 준비가 되었다는 것을 말합니다. 비유적으로 말한다면, 여러분들이 처한 실존적인 현실과 신화와 종교의 대양 사이를 가로 막고 서 있었던 여섯 개의 언덕을 넘어 이제 해안가에 도달했다고 보면 되겠습니다. 거기에 배 한 척이 놓여 있습니다. 돛과 노도 준비되어 있습니다. 바람은 마침 바다를 향해 불고 있습니다. 그 배 앞에 당신이 서 있습니다. 뒤에는 여러분들이 넘은 여섯 개의 고개가 있고, 앞에는 끝없이 펼쳐진 바다가 있습니다. 이제 선택은 여러분들이 내릴 차례입니다. 여기서 어떤 사람들은 다시 뭍으로 되돌아갈 것이고, 어떤 사람은 배에 올라탈 것입니다. 배에 타기를 원하는 사람들과 뭍으로 되돌아가기를 원하는 사람 모두에게 한마디 조언을 드리겠습니다. 종교와 신화의 바다를 항해해 본 사람으로서 말입니다.

먼저 배에 타는 사람들에게 말씀드리겠습니다. 여러분들이 막 타려고 하는 그 배는 한번 떠나면 되돌아올 수 없는 배입니다. 그 배의 목적지는 궁극적 진리의 세계입니다. 그리고 배는 거기에 도착하기 전까지는 항해를 멈추지 않을 것입니다. 하지만 궁극적 진리의 항구에

도달한 사람들은 자신이 홀로 타고 있던 배 안이 바로 자신이 떠났던 뭍의 세계라는 것을 깨달을 것입니다. 즉, 자신이 살고 있는 역사적 세계와 실존적 현실인 뭍의 세계가 사실은 종교와 신화의 거대한 대양 위에 떠 있는 한 조각의 배라는 사실을 깊이 알게 될 것입니다. 신화와 종교가 우리의 존재와 역사적 세계를 떠받치고, 우리를 둘러싸고, 우리를 밀어 앞으로 나아가게 하는 대양과 같다는 사실을 알게 될 것입니다. 그리고 결국에는 신화와 역사의 세계가 사실은 하나이며, 바다와 뭍의 경계는 원래부터 없었다는 것을 깨닫게 될 것입니다. 신화의 세계와 역사의 세계를 나누는 경계가 무너지는 지점은 바로 '여기'이며, 그 경계가 무너지는 때는 '지금'이라는 사실 또한 알게 될 것입니다. 궁극적 진리는 바로 여기, 그리고 지금의 순간에만 발견될 수 있다는 사실, 그리고 그 진리는 이제까지 거기에서 오랫동안 나를 기다리고 있었다는 사실을 통찰하게 될 것입니다. 바로 그 순간이 시간과 영원이 만나는 순간입니다. 영원의 세계로 들어가는 입구는 지금 바로 이 순간 내가 서 있는 여기 외에는 없다는 역설의 진리를 신화와 종교의 세계가 계시해 주기 때문입니다.

이제 뭍을 향해 되돌아가는 분들을 위한 위로의 말씀을 드릴 차례입니다. 신화와 종교의 세계는 인내심을 가지고 여러분들이 다시 돌아올 때를 기다릴 수 있습니다. 사실 대부분의 현대인은 신화와 종교의 세계가 마치 존재하지 않는 것처럼 살아가고 있습니다. 하지만 언젠가 여러분들이 처한 한계상황이 궁극적인 질문을 여러분께 던질 때, 그리고 아무도 이에 대해 답변을 할 수 없을 때, 여러분들이 저와 함께 잠시 엿보았던 신화와 종교의 세계를 마음속에 떠올리시기 바랍니다. 왜냐하면, 신화와 종교는 바로 그 질문에 대한 답을 위해 존재하니까요. 그때 다시 신화와 종교의 바다를 향해 뛰어들어도 늦지 않습니다. 아니 어쩌면 그때가 오히려 항해를 떠나기에 가장 적절한 때인지도 모릅니다.

어제는 코스트코에 가서 음식 재료를 샀습니다. 장을 볼 때 제가 좋아하는 부분은 시식 코너에서 새로운 종류의 음식을 맛보는 것입니다. 맛이 괜찮으면 그 제품을 사서 직접 요리해 먹습니다. 여러분들이 넘은 여섯 고개는 신화와 종교 강좌가 제공한 여섯 개의 시식 코너라는 생각이 듭니다. 엘리아데, 융, 캠벨은 각기 독특한 향기와 맛을 가진 영혼의 음식을 선보였습니다. 지금까지는 '맛보기'였습니다. 그리고 이제 제품을 살 것인지 아닌지를 결정해야 할 때가 되었습니다. 시식 코너는 맛을 보는 곳이지 배를 채우는 곳이 아니니까요.

인용 문헌

강영계. 〈기독교 신비주의철학〉. 서울: 철학과 현실사, 1987.

김성곤. 〈포스트모던 소설과 비평〉. 서울: 열음사, 1993.

베넷, 에드워드 암스트롱. 〈한권으로 읽는 융〉. 김형섭 역. 서울: 도서출판 푸른숲, 1997.

옷토, 루돌프. 〈성스러움의 의미〉. 길희성 역. 서울: 분도출판사, 2003.

엘리아데, 미르치아. 〈성과 속: 종교의 본질〉. 이동하 역. 서울: 학민사, 2009.

_____. 〈샤마니즘: 고대적 접신술〉. 이윤기 역. 서울: 까치글발, 1993.

_____. 〈이미지와 상징〉. 이재실 역. 서울: 까치글방, 1998.

정진일. 〈도가철학개론〉. 서울: 서광사, 2001.

카이유와, 로제. 〈인간과 성〉. 권은미 역. 서울: 문학동네, 1996.

캠벨, 조셉. 〈천의 얼굴을 가진 영웅〉. 서울: 민음사, 2010.

Underhill, Evelyn. *Mysticism: The Preeminent Study in the Nature and Development of Spiritual Consciousness*. New York: Doubleday, 1990.

부록

야곱의 사다리에 숨겨진
신화적 상징과 신학적 담론

야곱의 사다리에 숨겨진 신화적 상징과 신학적 담론

I. 들어가면서

본 논문의 목적은 구약성경 창세기 28장에 등장하는 야곱의 사다리에 숨겨진 의미를 신화적 상징과 신학적 담론의 관점에서 분석하여, 동일한 사건이 신화, 종교, 교리의 문맥에 따라 다양한 의미로 수용되고 발전하는 과정을 추적하는 것이다.

야곱의 사다리를 신화적 상징과 신학적 담론이라는 두 관점에서 접근할 수 있는 근거는 이 일화가 신화적 상징과 신학적 의미를 동시에 포함하고 있기 때문이다. 비종교인의 시각에서 볼 때 야곱의 사다리는 여러 신화에서 발견되는 보편적 상징체계로 해석될 수 있다. 하지만 구약성경을 자신의 종교경전으로 간주하는 유대인이나 기독교인의 관점에서 보면, 야곱의 사다리는 야훼 하나님과 신도 사이의 관계를 설명하는 보다 구체적이며 제한된 신학적 담론 안에서 논의될 수 있다. 야곱의 사다리는 다시 유대교와 기독교의 신학적 담론 안에서 각기 다른 의미로 해석될 뿐 만 아니라, 동일한 기독교 안에서도 가톨릭과 개신교에서 각기 다른 신학적 담론을 형성한다.

본 논문에서 사용하는 신학적 담론(theological discourse)의 개념은 2005년 마크 코르테즈(Marc Cortez)교수가 *Westminster Theological Journal*에 발표한 "Context and Concept: Contextual Theology and the Nature of Theological Discourse"에 기초한다. 그는 신학적 담론의 기저에는 패러다임, 모델, 이론이 상호 연결되기 때문에, 신학적 담론을 성서의 구절이나, 문장, 일화를 일관된 문맥에서 해석하고자 하는 문맥신학(Contextual Theology)의 핵심개념으로 간주하였다(86-89). 필자는 한 단어의 의미가 문맥에 의해서 고정되듯이, 야곱의 사다리에 숨겨진 의미는 그 사건을 해석하는 신학적 담론에 의하여 결정된다고 본다. 또한 성서에 나타나는 결정적 사건(예를 들면 천지창조, 십계명, 십자가의 사건 등)은 신학적 담론을 형성하는데 기여하기도 한다. 이런 점에서 야곱의 사다리는 유대교, 기독교, 가톨릭, 개신교의 신학적 담론 안에서 각기 다른 의미를 드러낼 수 있으며, 동시에 다양한 신학적 담론을 형성하는데 기여하는 결정적 사건으로 간주될 수 있다.

또한 본 논문에서 신학적 담론은 신화적 상징과 대비되는 해석의 틀로 사용되었다. 상징은 그것이 지시하는 대상의 의미를 불완전하게 반영하면서 다양한 해석의 여지를 남기지만, 신학적 담론은 그 담론이 지배하는 신앙 공동체내에서 그것이 다루는 대상의 의미를 고정시키면서 교리로 발전하는 경향이 있다. 본 논문에서 신학적 담론의 개념은 문맥에 따라 패러다임, 모델, 이론의 개념과 유사한 도구적 개념으로 사용된다.

야곱의 사다리에 대해서는 신화, 유대교, 가톨릭, 개신교의 영역에서 이미 무수히 연구되었다. 하지만 지금까지의 연구는 주로 한 영역에서 이루어진 것이 대부분이라서 동일한 사건이 다른 영역에서 어떻게 달리 해석되는가를 한눈에 조망할 수 있는 관점을 제시하지 못하였다. 이 같은 연구들은 하나의 신학적 담론 안에서 야곱의 사다리에 숨겨진 다층적 의미를 깊고 세밀하게 밝히는데 기여하였지만, 그 사건이 각기의 신학적 담론 안에서 상이한 방식으로 수용되며 의미를 발전시켜 나간다는 사실을 밝히는데 미흡하였다.[1] 하지만 하나의 영역, 또는 단일한 관점에서 야곱의 사다리의 의미를 밝힌 선행 연구가 없었다면 이 사건을 다양한 시각에서 통시적으로 보고자 하는 본 논문은 시작조차 할 수 없었을 것이다.

기존의 연구를 보완하기 위해서는 야곱의 사다리라는 하나의 화살이 신화, 유대교, 가톨릭, 개신교라는 네 개의 과녁을 동시에 관통할 수 있는 해석의 패러다임이 필요하며, 본 논문은 이 같은 해석의 패러다임을 상정하여 네 부분으로 구성되었다. 신화의 영역은 주로 미르치아 엘리아데(Mircea Eliade)의 "우주의 축(Axis Mundi)"의 개념에 따라, 유대교, 가톨릭, 개신교의 영역은 각기 성전, 교황, 만인사제주의의 신학적 담론 안에서 야곱의 사다리를 분석하고자 한다.

II. 야곱의 사다리와 신화적 상징

야곱에 관한 이야기는 창세기 27장에서 시작하여 35장에 걸쳐 진행된다. 간교한 방법으로 장자의 축복을 가로 챈 야곱은 복수심에 가득

1 이 같은 연구의 예로 2006년 프린스턴 대에서 출판한 『야곱의 사다리』(*The Ladder of Jacob*)를 들 수 있다. 제임스 쿠겔(James L. Kugel) 교수는 유대의 전통적인 주석을 주된 신학적 담론으로 삼아 야곱의 사다리에 숨겨진 다층적 메시지를 설명하였다.

찬 형을 피해 외삼촌이 살고 있는 하란으로 떠난다. 에서는 야곱의 비열한 행동을 이름에 빗대어 비난한다.

> 그 녀석의 이름이 왜 야곱인지, 이제야 알 것 같습니다. 그 녀석이 이번까지 두 번이나 저를 속였습니다. 지난번에는 맏아들의 권리를 저에게서 빼앗았고, 이번에는 제가 받을 복까지 빼앗아갔습니다. (창 27:36, 본 논문의 성경 인용은 대한성서공회의 『새번역』을 따른다)

고향을 떠나 하란으로 향하는 길목에서 하룻밤을 노숙하는 야곱은 하늘과 땅을 잇는 사다리를 꿈속에서 보게 된다.

> 야곱이 브엘세바를 떠나서, 하란으로 가다가, 어떤 곳에 이르렀을 때에, 해가 저물었으므로, 거기에서 하룻밤을 지내게 되었다. 그는 돌 하나를 주워서 베개로 삼고, 거기에 누워서 자다가, 꿈을 꾸었다. 그가 보니, 땅에 층계가 있고, 그 꼭대기가 하늘에 닿아 있고, 하나님의 천사들이 그 층계를 오르락내리락 하고 있었다.
>
> 주님께서 그 층계 위에 서서 말씀하셨다. "나는 주, 너의 할아버지 아브라함을 보살펴 준 하나님이요, 너의 아버지 이삭을 보살펴 준 하나님이다. 네가 지금 누워 있는 이 땅을, 내가 너와 너의 자손에게 주겠다. 너의 자손이 땅의 티끌처럼 많아질 것이며, 동서남북 사방으로 퍼질 것이다. 이 땅 위의 모든 백성이 너와 너의 자손 덕에 복을 받게 될 것이다. 내가 너와 함께 있어서, 네가 어디로 가든지 너를 지켜 주며, 내가 너를 다시 이 땅으로 데려 오겠다. 내가 너에게 약속한 것을 다 이루기까지, 내가 너를 떠나지 않겠다."
>
> 야곱은 잠에서 깨어서, 혼자 생각하였다. '주님께서 분명히 이곳에 계시는데도, 내가 미처 그것을 몰랐구나.' 그는 두려워하면서 중얼거렸다. "이 얼마나 두려운 곳인가! 이곳은 다름 아닌 하나님의 집이다. 여기가 바로 하늘로 들어가는 문이다." 야곱은 다음날 아침 일찍이 일어나서, 베개 삼아 벤 그 돌을

가져다가 기둥으로 세우고, 그 위에 기름을 붓고, 그 곳 이름을 베델이라고 하였다. 그 성의 본래 이름은 루스였다.
야곱은 이렇게 서원하였다. "하나님께서 저와 함께 계시고, 제가 가는 이 길에서 저를 지켜 주시고, 먹을 것과 입을 것을 주시고, 제가 안전하게 저의 아버지 집으로 돌아가게 해주시면, 주님이 저의 하나님이 되실 것이며, 제가 기둥으로 세운 이 돌이 하나님의 집이 될 것이며, 하나님께서 저에게 주신 모든 것에서 열의 하나를 하나님께 드리겠습니다." (창 28:10-22)

그가 꿈을 꾼 장소는 고향이라는 친숙한 장소에서 미지의 세계로 진입하는 출발점인 동시에 처자식들과 가축, 이스라엘이라는 새로운 이름을 얻고 복귀하는 종착점이기도 하다. 한마디로 그의 삶의 가장 결정적인 사건들은 야곱의 사다리에서 출발하여 야곱의 사다리로 복귀하는 과정에서 발생한다.[2]

야곱의 사다리에 숨겨진 신화적 상징을 해석한다는 것은 특정 종교의 울타리를 넘어 다양한 신화나 종교들이 공유하는 보편적인 상징체

2 가장 대표적인 사건으로 천사와 씨름한 사건이 있다(창 32:22-32). 성경에서 새로운 이름은 존재론적 변화를 의미한다(이와 같은 예로서 아브라함, 베드로, 바울을 들 수 있는데 그들의 이전 이름은 각기 아브람, 사이몬, 사울이었다). 이 사건 이후 인간을 "붙잡는 자"의 의미를 지닌 야곱이란 이름 대신 "하나님과 겨루는 자"의 뜻을 가진 이스라엘이라는 이름이 부여된다. 그의 이름은 유대 민족을 대표하는 이름으로 지금까지 사용되고 있다. 야곱의 이름에 관한 보다 상세한 설명은 서명수의 「야곱 이야기의 구조와 주제」 65페이지를 참고하기 바란다. 야곱의 여정은 출발, 성취, 복귀의 순환 구조를 가진 점에서 조셉 캠벨(Joseph Campbell)이 언급한 영웅의 모험의 구조를 가지고 있다(123). 현길언은 성서에 등장하는 주인공의 출발과 복귀에 관해 "성서의 견고한 구조는 인간과 세계의 실체를 확인하는데 기여한다. 이것은 문학성의 힘인데, 그 한 예로 창세기 족장들의 생애에 나타난 '떠남과 돌아옴'의 플롯을 통해 구체화되고 있다"라고 밝히고 있다(72).

계 안에서 그 사건을 해석한다는 의미이다. 이에 반해 신학적 담론은 어떤 특정한 종교를 선택하고, 그 종교를 구성하는 핵심적 교리와 관련하여 사건을 논의한다. 이런 점에서 신화적 상징은 보다 개방적이고 보편적인 성격을 띠며, 신학적 담론은 사건이 의미하는 바를 교리적 해석을 통해서 고정시키고 제한하는 성격을 지닌다.

엘리아데는 "상징과 신화와 의례가 역사적 상황만을 밝혀 주는 것이 아니라 인간의 한계상황을 항상 나타내고 있다"(『이미지』 40)고 주장함으로써, 신화적 상징이 지닌 초역사적 성격을 강조한다. 이런 점에서 땅과 하늘을 이어주는 야곱의 사다리는 유대교나 기독교의 범주를 넘어, 모든 인류에게 공통적인 "원시적 상징 원형"(『이미지』 40)에 속한다고 볼 수 있다. 엘리아데는 "원시적 상징 원형의 자연발생적인 재발견이 인종이나 역사적 환경과는 무관하게 모든 인류에게 공통적"이라고 주장한다(『이미지』 40). 따라서 상징은 "인류 사이에 전체적 연대성"을 부여하며, "이러한 이미지들은 분석적 언어보다 훨씬 유효하고 확실하게 사람들에게 다가간다"(『이미지』 21).

원시적 상징 원형은 각기의 종교로 분화되기 이전의 상징을 의미하기도 하며, 여러 종교, 문학, 예술에서 공통적으로 발견되는 상징이기도 하다. 엘리아데는 야곱의 사다리와 같은 유형의 예로, 마호메트가 예루살렘 성전에서 본 사다리, 단테가 신곡에서 묘사한 금사다리, 십자가의 성 요한의 카르멜 산의 등반, 플로티누스의 황홀경, 성 바울이 세 번째 하늘에 올라간 체험, 오르페우스교, 피타고라스의 가입의례 등을 들었다(『종교형태론』 182-183). 스티븐슨(Stephenson)교수는 "호머의 일리아드와 오딧세이에도 동일한 야곱의 사다리가 등장한다"(515)고 주장한다. 엘리아데는 사다리의 상징을 보다 보편적인 중심의 상징으로 간주하며, “천지간을 잇는 다리나 사다리가 가능한 것은 세계의 중심에 서 있기 때문이다. 야곱이 꿈에서 본 하늘에 닿는 사다리가 바로 그러하다”(『이미지』 52-53)고 주장한다.

> 상당수의 신화들이 하늘과 땅을 이어주는 나무와 칡덩쿨, 동아줄, 거미줄, 사다리에 대해서 언급하고 있는데, 이런 것들을 매개로 어떤 특권적인 존재들이 실제로 하늘로 올라간다는 것이다. [. . .] 천사들이 오르내리는 계단 역시 동일한 중심의 상징에 속하는데, 사다리나 계단은 “한 존재양식에서 다른 존재양상으로의 이행을 가능케 하는 차원의 단절”을 조형적으로 보여주기 때문이다. (『이미지』55-58)

이런 점에서 야곱의 사다리는 여러 문화권의 신화에 등장하는 우주의 축, 또는 대지의 배꼽(omphalos)으로 간주될 수 있다. 우주의 축은 수직적으로는 천상, 지상, 지하 계를 잇는 기둥의 이미지로 표현되지만, 수평적으로는 동, 서, 남, 북이 갈라지는 배꼽, 또는 중심의 이미지를 갖는다. 사다리의 층계위에서 하나님이 야곱에게 “네가 지금 누워 있는 이 땅을, 내가 너와 너의 자손에게 주겠다. 너의 자손이 땅의 티끌처럼 많아질 것이며, 동서남북 사방으로 퍼질 것이다”(창 28:14)라고 축복한다. 이런 점에서 우주의 축은 수직과 수평이 교차하는 지점을 표시하며, 초월적 세계와 현실적 세계의 상호교류가 가능한 장소를 고정시킨다. 엘리아데에게 있어 야곱의 사다리는 바로 이 같은 장소를 의미한다.

그는 그 장소를 베텔(Beth-el), 즉 하나님의 집이라고 불렀다. '하늘의 문'이라는 표현에 숨겨진 의미는 풍부하고 복합적이다. 한 장소에 나타난 신의 현현(theophany)은 그 장소가 하늘에 대해 열려졌으며, 따라서 하늘과의 교류를 통해 하나의 존재양식에서 다른 존재양식으로의 전이가 가능한 역설적인 지점으로 만들었다는 바로 그 사실 때문에 그 장소를 거룩하게 한다. (*Sacred* 26)

우주의 축에는 반드시 "더 높은 세계에로 통하는 문이 있어야만 하는데, 신들은 그곳을 통해 지상에 내려올 수 있고, 인간은 그곳을 통해 상징적으로 천상에 올라갈 수 있는 것이다"(*Sacred* 26). 하늘에 있는 신과 지상에 있는 인간의 교섭이 가능한 장소, 그 장소는 자연스럽게 성전의 개념으로 발전되며, 야곱의 사다리는 유대교에서 "성전"이라는 신학적 담론을 형성하게 된다.

III. 야곱의 사다리와 신학적 담론

우주의 축, 또는 대지의 배꼽이 다양한 문화권의 신화에서 발견되는 중심의 상징으로 이해 될 때, 야곱의 사다리 역시 천상계와 지상계를 잇는 신화적 상징의 하나로 이해될 수 있다. 하지만 유대인에게 있어서 야곱은 아브라함과 이삭을 잇는 민족의 시조이자 신앙의 족장으로 간주되며, "야곱의 사다리"가 놓여진 "돌베게의 위치"는 그들의 역사 속에 실존하는 구체적인 장소가 된다. 이교도의 눈에는 그 사다리가 하나의 신화적 상징에 불과하지만 그들에게는 야훼 하나님을 만나는 성전이 위치할 역사 속의 장소가 된다. 고대의 유대인에게 있어 대부분의 종교의식은 성전을 중심으로 진행된다. 그들에게 있어 성전은 신화적 상징이 아니라 신학적 담론이 된다.

야곱은 잠에서 깨어나자, 야곱의 사다리가 놓인 장소를 "하나님의 집(house of God)"이라고 명명하며 자신이 베고 잠들었던 돌을 수직으로 세워 기둥을 만들고 그 위에 기름을 부어 하나님께 봉헌한다. 루돌프 오토(Rudolph Otto)는 이 같은 야곱의 행위를 성스러운 장소를 구별하여 예배의 장소로 만드는 원초적인 종교행위로 본다.

> 창세기 28장 17절에서 야곱은 "이 장소는 얼마나 두려운가! 이곳은 다름 아닌 하나님의 집이다"라고 말하고 있다. 이 구절은 종교심리학적 관점에서 많은 것을 가르쳐 주고 있는데, 방금 언급한 부분의 적절한 예가 될 수 있을 것이다. 첫 문장은 정신의 직접성속에서 포착된 인상을 분명하게 나타낸다. 이 같은 인상은 충분한 사고나, 감정의 내용이 의미하는 것이 자신에게 충분히 이해되기 이전에 발생한 것이다. 그것은 다름 아닌 원초적인 누멘적 두려움(primal numinous awe, 원문강조)을 나타내는 말이다. 많은 경우에 이런 종류의 두려움은 그 자체로서 그 장소를 거룩하고 성스러운 장소로 지정하며, 경외감을 자아내는 장소, 곧 종교의 중심지로 발전해 나갈 수 있는 장소로 받아들여지게 하는데 의심의 여지없이 충분하다. (130-131)

종교의식이 성전을 중심으로 수행되는 고대 유대인에게 있어 하나님과 만나는 장소, 혹은 야곱이 말한 바, "하나님의 집"은 결정적인 의미를 지닌다. 그린(Green)교수는 유대교에 있어서 거룩한 장소의 중요성을 다음과 같이 주장한다.

> 성전이 파괴되고, 유대인들이 흩어진 결과, 성전 산(Temple Mount)과 그 외 신화적, 우주론적 중요성을 지닌 장소에 대한 유대교의 의존이 어쩔 수 없이 약화되었다고 혹자는 주장하지만, 유대인과 거룩한 장소의 결합은 결코 훼손되거나 약화되지 않았다. 그들은 성스러운 공간을 완전히 상징화하거나(예를 들면 예루살렘이 하늘의 유일한 예루살렘이 되었다고 주장하거나), 그 거룩함을 다른 장소로 이전시킬 수 있었기 때문이다. (328)

이 같은 거룩한 공간은 인간이 스스로 발견하는 것이 아니라, 하나님이 계시한 장소이어야 한다. 아브라함에게 그의 독생자 이삭을 번제로 바치라고 명할 때, 하나님은 이삭이 제사로 바쳐지는 장소를 구체적으로 계시하였다: "네 아들, 네가 사랑하는 너의 독생자를 모리아(Moriah) 지역으로 데리고 가 내가 계시하는 산위에서 번제로 바쳐라"(창 22:2). 이런 점에서 모리아산은 유대인의 종교의식에 깊이 뿌리내린 "거룩한 장소"의 원형이다. 야곱이 "하나님의 집"이라고 명명하여 그 후 "베델"이 된 위치는 바로 모리아 산이며, 이 산은 그 후 예루살렘 성전이 세워지는 성전 산(Temple Mount)이기도 하다. 야곱의 꿈과 예루살렘 성전과의 관계에 관해, 데이비드 스타이메츠(David Steimetz) 교수는 다음과 같이 말한다.

> 창세기 28장에 관한 주석들은 모두가 다 야곱의 꿈과 거룩한 장소의 관계를 확립한다. 중세의 주석자들에 따르면 야곱은 본의 아니게 미래의 성전이 위치할 장소—즉, 장차 고대 이스라엘 종교의 중심지로서, 그리고 예수의 사역의 핵심장소로 유명하게 될 바로 그 장소—에 잠이 들었던 것이다. (179)

유대교의 신학적 담론 안에서 야곱의 사다리는 하나님과 인간이 만나는 성전의 원형으로 해석될 수 있고, 야곱이 세우고 기름 부은 돌은 예루살렘 성전이 위치하는 초석이 된다. 예루살렘 성전은 야곱이 하늘에 이르는 사다리를 꿈속에서 보고 "제가 기둥으로 세운 이 돌이 하나님의 집이 될 것"이라는 약속이 역사 속에서 성취된 것이라고 볼 수 있겠다. 이는 야곱의 서원일 뿐만 아니라, 서원의 이행에 대한 하나님의 명령이기도 하다: "베델로 가서 네가 너의 형 에서 앞에서 피해 도망칠 때에, 너에게 나타난 그 하나님께 제단을 쌓아서 바쳐라"(창 35:1). "제단"이란 약 천년 후 솔로몬이 완성시키는 성전의 원시적 모형으로 볼 수 있다.

야곱의 사다리가 공간적 개념의 성전이 중시되었던 유대교에서 성전의 위치를 확정하는데 결정적 역할을 했다면, 동일한 사건이 기독교의 신학적 담론 안에서는 어떤 의미로 재해석될 수 있을까? 기독교에서도 성전의 장소적 의미는 동일한 중요성을 가질까? 19세기 초반의 성경학자인 아담 클락(Adam Clarke)은 야곱의 사다리를 그리스도의 모형(type)으로 설명한다.

> 하나님의 천사가 오르락내리락 한다는 것은 하늘과 땅 사이의 영원한 교류가 인간의 육체를 통해 나타나신 그리스도의 중보에 의해 이제 열렸다는 것을 의미한다. 우리의 주님은 중보의 사역 안에서 인간에게 보내진 하나님의 대사로 표현된다. 왜냐하면, 사람의 아들(Son of Man)위에 오르내리는 천사들은 왕이 외국에 있는 자신의 대사에게 보내거나, 대사로부터 소환하는 심부름꾼이나 메신저의 비유이기 때문이다. (요 1:51 주해)

기독교의 신학적 담론에서 야곱의 사다리는 하나님과 인간 사이를 연결하는 그리스도 자신이 된다는 클락의 견해는 개신교를 대표하는 신학자 칼뱅(Calvin)의 창세기 28장 12절 주해에 기초한다고 볼 수 있다.

> 따라서 하늘과 지상을 연결하는 자는 그리스도 한분이시다. 그는 하늘에서 지상으로 내려오시는 유일한 중재자이시다. 그는 천상의 모든 축복의 충만함이 우리에게 흘러들어오게 하며, 또한 그 반대로 지상에서 우리가 하늘에 올라가는 것을 가능하게 하는 매개자이시다. (113)

야곱이 하늘과 지상을 연결하는 사다리를 꿈속에서 보았다면, 예수는 이 사다리가 더 이상 꿈이 아니라 자신의 삶과 죽음속에서 성취되는 현실이라고 주장한다. 예수는 나다나엘에게 "내가 진정으로 진정으로 너희에게 말한다. 너희는, 하늘이 열리고 하나님의 천사들이 인자 위에 오르락내리락하는 것을 보게 될 것이다"(요 1:51)고 선포하였다. 예수가 나다나엘을 일컬어, "보아라, 저 사람이야말로 참으로 이스라엘 사람이다. 그에게는 거짓이 없다"(요 1:47)고 말했을 때, 여기에는 신학적 담론의 결정적 전환이 숨겨져 있다. 예수가 나다나엘에게 한 말은 창세기 27장 36장에서 에서가 야곱에게 한 말과 대조된다: "그 녀석의 이름이 왜 야곱인지, 이제야 알 것 같습니다. 그 녀석이 이번까지 두 번이나 저를 속였습니다." 나다나엘은 "속이는" 이스라엘과 대립되는 "거짓이 없는" 이스라엘이 되는 셈이다. "속이는 자"로 유명한 야곱의 꿈속에 하늘의 사다리가 나타났다면, "거짓이 없는" 이스라엘 사람, 나다나엘의 현실 속에 하나님의 아들이 나타난 것이다. 야곱의 또 다른 이름이 "이스라엘"이라는 점을 감안한다면, "참다운 이스라엘 사람"이라는 호칭에는 야곱의 사다리가 새롭게 해석될 수 있는 패러다임이 숨겨져 있다. 이와 관련하여 알프레드 에더스하임(Alfred

Edersheim)은 나다나엘이 무화과나무 아래서 베델에서 있었던 야곱의 환상을 생각하며 메시아의 대망을 기다리고 있었다고 말한다(『메시아』 vol 2, 142).

신약의 신학적 담론에서 천사는 돌 위로 오르내리는 것이 아니라, 하나님의 아들인 동시에 사람의 아들인 자신 위로 오르내리는 것이다. 이 점에서 예수는 자신이 바로 야곱의 사다리라는 점을 밝힌 셈이다.

유대교의 신학적 담론에서 야곱의 사다리는 성전이 위치한 장소적 개념으로 해석되는데 비해, 기독교의 신학적 담론에서 야곱의 사다리는 "살아있는 돌"이며 성육하신 그리스도로 전환된다. 야곱의 사다리에 대한 신학적 담론의 변화는 특정 장소나 민족에 제한되었던 지역종교가 세계종교로서의 기독교로 전환되는 것을 의미한다. 유대교에서는 성전 안에서 하나님과 그의 백성이 만난다. 하지만 기독교에서는 그리스도 안에서 하나님과 신자가 만난다. 예수는 성전중심의 유대교와 전혀 다른 종류의 종교를 선포한다. 그는 야곱의 우물가에서 만난 사마리아 여인에게 그녀가 듣도 보도 못한 새로운 종류의 예배 방식을 설명한다.

> "우리 조상은 이 산에서 예배를 드렸는데, 선생님네 사람들은 예배드려야 할 곳이 예루살렘에 있다고 합니다." 예수께서 말씀하셨다. "여자여, 내 말을 믿어라. 너희가 아버지께, 이 산에서 예배를 드려야 한다거나, 예루살렘에서 예배를 드려야 한다거나, 하지 않을 때가 올 것이다. [. . .] 참되게 예배를 드리는 사람들이 영과 진리로 아버지께 예배를 드릴 때가 온다. 지금이 바로 그 때이다. 아버지께서는 이렇게 예배를 드리는 사람들을 찾으신다. 하나님은 영이시다. 그러므로 하나님께 예배를 드리는 사람은 영과 진리로 예배를 드려야 한다."(요 4: 20-26)

기독교의 신학적 담론 안에서 하나님과 인간이 연결되는 곳은 이제 예루살렘이나 게리심산과 같은 특정한 장소가 아니라 하나님인 동시에 인간인 그리스도가 되었고, 하늘에 오르는 사다리는 꿈속의 환상이 아니라 골고다의 십자가가 되었다. 그리스도는 자신이 "길이요, 진리요, 생명이다. 나를 거치지 않고서는, 아무도 아버지께로 갈 사람이 없다"(요 14:16)고 선포한다. 이제 하나님에게 나아가는 길은 그리스도의 십자가의 대속에 기초한다. 이는 "자신의 오염이 속죄제물의 죽음 안에서 씻기기 전에는 인간은 하나님의 거룩한 현존 앞에 설 수 없기 때문이다"(임창건 165). 예수는 자신이 "야곱의 사다리"일 뿐만 아니라, 자신이 또한 성전이라고 주장한다: "내가 사람의 손으로 지은 이 성전을 허물고, 손으로 짓지 않은 다른 성전을 사흘 만에 세우겠다"(막 14:58). 그리스도의 성전은 솔로몬 성전과 "다른" 성전이다.

하지만, 그리스도가 승천하여 하늘에 있는 하나님의 우편에 앉은 이후, 이 세상과 하늘을 연결시켜주는 야곱의 사다리의 역할을 대신하는 존재는 과연 누구 또는 무엇인가? 바로 이 지점이 가톨릭교회와 개신교회의 신학적 담론이 나누어지는 분기점이 된다.

먼저, 야곱의 사다리에 숨겨진 가톨릭의 신학적 담론을 교황을 중심으로 살펴보자. 만일 교황과 성직계급이 교회로 규정될 수 있다면, 교회가 유대교의 성전을 대신하여 하나님과 세상을 이어주는 야곱의 사다리의 역할을 하는 것인가? 야곱의 사다리는 가톨릭 초기 교부들에 의하여 종종 사용되었던 주제였다. 2세기의 성 이레니우스(Saint Irenaeus)는 가톨릭교회가 "하나님에게 오르는 사다리"라고 명시한다(281). 그렇다면 지상에 있는 가톨릭교회의 수장인 교황의 절대적 권위는 어디에서 유래하며, 어떻게 한날 인간이 하나님과 인간을 이어주는 거룩한 교회를 대표할 수 있으며, 지상에서 그리스도의 위치를 대신할 수 있는가? "예수 그리스도의 대리자"(Vicarius Iesu Christi)는 교황의 공식명칭중의 하나이다. 이 명칭은 지상에 있는 교회의 최고 수장이라는 뜻을 암시한다. 그리스도가 자신의 권한을 그에게 위임하여 천국의 열쇠를 맡겼을 뿐 아니라, 자신을 대신하여 "내 어린 양 떼를 먹여라"(요 21:15)고 베드로에게 직접 명했기 때문이다. 이 같은 권위는 인간이나 제도에서 유래할 수 없고, 인간이며 동시에 하나님이신 그리스도 자신으로부터 직접 위임받지 않으면 안 된다. 이 같은 맥락에서 볼 때, 예수가 베드로에게 주었던 천국의 열쇠는 가톨릭의 신학적 담론 안에서 "야곱의 사다리"와 긴밀히 연결된다.

> 나도 너에게 말한다. 너는 베드로다. 나는 이 반석 위에다가 내 교회를 세우겠다. 죽음의 문들이 그것을 이기지 못할 것이다. 내가 너에게 하늘나라의 열쇠를 주겠다. 네가 무엇이든지 땅에서 매면 하늘에서도 매일 것이요, 땅에서 풀면 하늘에서도 풀릴 것이다. (마 16: 18-19)

여기에서 야곱의 사다리와 관련하여 먼저 눈여겨 볼 것은 "이 반석 위에 내 교회를 세우리니"라는 예수의 말인데, 이 말은 토라의 내용을 잘 알고 있는 베드로에게 야곱의 사다리가 놓여있었던 돌과 그 돌 위에 세워진 성전을 연상시킬 수 있다. 이 때, 사이몬(Simon)이란 이름은 "반석"(Petra)이란 의미의 베드로란 이름으로 바뀌게 된다. 유대인에게 반석은 성전 또는 제단과 깊은 관계가 있다.

> 또 거기에서 주 당신들의 하나님께 드리는 제단을 만들되, 쇠 연장으로 다듬지 않은 자연석으로 제단을 만드십시오. 당신들은 다듬지 않은 자연석으로 주 당신들의 하나님의 제단을 만들고, 그 위에 번제물을 올려 주 당신들의 하나님께 드려야 합니다. (신 27:5-6)

즉, 성전은 야곱이 베고 잔 돌을 초석으로 하여 건축된 반면, 교회는 "당신은 살아계신 하나님의 아들, 곧 메시아입니다"라고 최초로 고백한 베드로, 즉 반석위에 세워 진다. 게다가 예수는 땅과 하늘을 직접 연결시켜 주는 천국의 열쇠를 베드로에게 준다. "네가 무엇이든지 땅에서 매면 하늘에서도 매일 것이요, 땅에서 풀면 하늘에서도 풀릴 것"이라는 천국의 열쇠는 야곱의 사다리 위를 오르락내리락 하는 하나님의 사자 혹은 천사의 역할과 유사하다. 천사의 역할이 하늘과 땅을 오가며, 하나님과 인간을 중개하는 일이라면, 천국의 열쇠를 사용할 수 있는 자 역시 하나님의 사자의 역할을 지상에서 하는 셈이기 때문이다. 이 열쇠가 모든 기독교인에게 주어진 것인가, 아니면 베드로에게만 주어진 것인가의 문제는 베드로를 초대교황으로 여기는 가톨릭의 교회론에서 중요한 의미를 지닌다.

가톨릭의 신학적 담론에서 교황이 교회에서 차지하는 절대적 위치는 베드로가 교회의 반석이며, 천국 열쇠의 소유자라는 그리스도의 선언에 근거한다. 여기에서 "야곱의 사다리"가 해석되는 유대교의 신학적 담론과 가톨릭의 신학적 담론이 나누어진다. 바티칸의 성 베드로 성당이 초대교황인 베드로의 무덤위에 세워졌다는 전승은 이 같은 가톨릭의 신학적 담론을 반영한다. 이제 하늘과 땅을 연결하는 성전은 예루살렘에서 바티칸으로 옮겨진 것이다.

가톨릭에서 교황으로 대표되는 성직자는 하나님과 인간을 중개하는 제사장의 역할을 교회 안에서 수행한다. 성직자는 하나님의 말씀을 평신도에게 전달하는 메신저이며, 평신도는 성직자가 집전하는 성례전을 통해 하나님과 만난다. 한 걸음 더 나아가 평신도는 신부에게 고해성사를 하며, 신부는 하나님을 대신하여 그 죄를 사해줄 수 있는 권한을 갖는다. 이런 점에서 볼 때, 성직 계급은 평신도에게 있어 야곱의 사다리와 유사한 역할을 수행한다. 과연 평신도가 성직계급의 중재 없이 개별적으로 직접 하나님과 관계를 맺을 수 있는가의 문제는 새로운 신학적 담론을 요청하였고, 결국 루터(Luther)가 이끈 종교개혁의 핵심 교리인 "만인사제주의"의 신학적 담론을 형성하기에 이른다. 만인사제주의의 핵심은 루터의 종교개혁 3대 논문 중 하나인 『그리스도교 귀족에게 보낸 편지』에 잘 나타나있다: "평신도와 사제들, 왕과 주교들, 종교와 세속 사이에 진정으로, 그리고 근본적으로 아무런 차이가 없다"(*To the Christian Nobility* 14).

그렇다면, 가톨릭과 결별하고 새로운 기독교를 탄생시킨 종교개혁의 신학적 담론은 "야곱의 사다리"와 어떻게 관련되었을까? 스타인메츠(Steinmetz) 교수는 야곱의 사다리가 중세 가톨릭과 루터의 종교개혁 사이의 칭의(justification)논쟁과 관계되어 있다고 주장한다.

> 의심의 여지없이 분명한 사실은 칭의론에 관한 중세 가톨릭과 루터의 개념 사이에는 심오한 차이가 있다는 점이며, 또한 야곱의 사다리에 관한 이야기가 이 같은 불일치에 하나의 역할을 하였다는 점이다. (181)

만인사제주의는 성직자라는 야곱의 사다리가 없어도, 모든 신자 자신이 야곱의 사다리가 되어 하나님과 직접 교류할 수 있다는 말로 요약될 수 있다. 루터는 "여러분은 택하심을 받은 족속이요, 왕과 같은 제사장들이요"(벧전 2:9)의 구절에서 "여러분"이 의미하는 말은 성직자에게 한정되는 것이 아니라, 모든 신자에게 해당된다는 점을 강조한다. 이점에서 "루터는 끊임없이 베드로 후서 2장 9절을 만인사제주의의 주된 증거로 지적한다"(122)는 로저스(Rogers)의 주장은 설득력을 얻는다. 루터는 여기서 한 걸음 더 나아가 모든 신도들은 제사장일 뿐만 아니라 살아있는 성전이라는 점을 강조한다.

> 살아 있는 돌과 같은 존재로서 여러분도 집 짓는 데 사용되어 신령한 집이 됩니다. 그래서 여러분은 예수 그리스도로 말미암아 하나님께서 기쁘게 받으실 신령한 제사를 드리는 거룩한 제사장이 되십니다. (벧전 2:5)

베드로전서의 수신자가 기독교로 개종한 유대인들이었다는 점을 감안한다면, "살아 있는 돌"이란 그들에게 야곱의 사다리가 놓여있었던 그 돌을 연상시킬 수 있다. 즉, 이 구절들은 모든 그리스도인이 제사장이며 살아있는 성전이라는 말로 요약될 수 있는 만인제사장의 근거로 사용될 수 있다. 루터는 1531년 비텐베르크 대학에서 행한 갈라디아서 강연에서 다음과 같이 주장한다.

> 우리 모두는 사도와 모든 성인들이 가진 것과 똑 같은 은총과 기도의 영을 소유하고 있으며, 그들이 우리 보다 우월한 그 어떤 특권도 갖고 있지 않다. 우리들은 그들이 가진 동일한 은사와 동일한 그리스도와 동일한 세례를 가지고 있다. (*Commentary* 117)

루터가 주장한 만인사제주의는 기독론과 성령론에 기초하고 있는데, 둘 다 "야곱의 사다리"의 신학적 담론과 연관되었다.

먼저, 기독론의 입장에서 보면 그리스도의 십자가상의 죽음은 하나님에게 나아가는 길을 열었으므로 십자가 그 자체가 지상과 하늘을 잇는 야곱의 사다리가 된다. "나는 길이요 진리요 생명이다"고 했을 때, 이 세 가지는 모두 십자가와 관련되어있다. 십자가가 하나님께 나아가는 유일한 길이라면, 그 길이 신도들에게는 유일한 야곱의 사다리가 되는 셈이다. 이런 점에서 루터는 성직자가 하나님과 인간을 이어주는 야곱의 사다리의 역할을 할 수 없다고 주장한다.

또한 성령론의 입장에서 보면, 성령은 사다리를 오르락내리락하는 하나님의 사자의 역할을 한다. 예수는 최후의 설교에서 자신이 성령을 하나님으로부터 받아 제자들에게 보내겠다고 약속하였으며, 그 약속은 오순절에 성취되었다. 성령은 마가의 다락방에 모여 기도하는 모든 신도들에게 차별 없이 부어졌고, 그들은 성령이 거하는 하나님의 성전이 되었다. 신도가 일종의 걸어 다니는 성전이 될 수 있는 것은 성령의 내주에 근거한다.

> 여러분은 하나님의 성전이며, 하나님의 성령이 여러분 안에 거하신다는 것을 알지 못합니까? 누구든지 하나님의 성전을 파괴하면, 하나님께서도 그 사람을 멸하실 것입니다. 하나님의 성전은 거룩합니다. 여러분은 하나님의 성전입니다. (고전 3:16-17)

성령이 하나님의 깊은 뜻을 지상에 거하는 신도들에게 계시하며, "친히 이루 다 말할 수 없는 탄식으로, 우리를 대신하여"(롬8:26) 하늘에 계신 하나님께 중보기도 한다면, 성령은 야곱의 사다리를 오르내리는 하나님의 사자와 동일한 역할을 수행한다. 루터의 기독론과 성령론은 교회에 대한 새로운 정의를 요구하였고, 종교개혁의 신학적 담론은 만인사제주의를 신학적 근거로 한 새로운 교회를 탄생시켰다.

IV. 나오면서

지금까지 살펴본 바에 의하면 야곱의 사다리에 숨겨진 메시지는 신화, 종교, 교리의 다양한 문맥에서 각기 다른 의미로 수용되고 발전될 수 있다는 결론에 이르게 된다. 야곱의 사다리는 하늘 또는 초월자와 교섭하려는 인간의 원형적 갈망과 체험을 표현하는 신화적 상징으로 해석될 수 있는 동시에 유대교, 가톨릭, 개신교가 가진 개별적 신학적 담론 안에서는 그 종교를 구성하는 핵심적 교리의 근거와 배경으로 해석될 수도 있다. 특히 흥미로운 사실은 야곱의 사다리가 연상시키는 상징적 이미지가 가톨릭에서는 교황의 권위를 확립하는데, 개신교에서는 그 권위에 도전하는데 사용될 수 있다는 점이다.

이런 점에서 야곱의 사다리는 신화적 상징을 통해 시대와 장소를 넘어 모든 인류에게 하늘에 오르는 길에 대한 메시지를 보여 줄 뿐만 아니라, 특정한 종교집단에게는 배타적이고 고유한 신학적 담론을 제공한다. 상징이 지닌 강력한 힘이 보편성과 특수성을 하나로 묶는데 있다면, 야곱의 사다리는 바로 이 같은 상징의 기능을 수행한다고 볼 수 있다. 야곱의 사다리와 같은 원형적 상징은 시간의 흐름에 따라 그

의미가 고갈되며 사라지는 것이 아니라, 시대와 상황이 만드는 문화적 환경에 적응하며 그 의미를 다양하게 발전시키는 생명력을 내재하고 있기 때문이다.

Works Cited

Calvin, John. *Commentaries: Genesis* Vol. 2. Trans. John King. Michigan: Wm. B. Eerdmans, 1963. Print.

Campbell, Joseph. *The Power of Myth*. Edit. Betty Sue Flowers. New York: Doubleday, 1988. Print.

Clark,Adam. 〈http://www.preteristarchive.com/Books/1810_clarke_commentary.html〉. (Accessed on 20 July 2014).

Cortez, Marc. "Context and Concept: Contextual Theology and the Nature of Theological Discourse." *Westminster Theological Journal*. 67.1(2005): 86-102. Print.

Couch, Mal. "The Power of the Catholic Popes." *Conservative Theological Journal* 6.18(2002): 149-163. Print.

에더스하임, 알프레드. 『메시아-예수 그리스도의 생애와 시대』. 황영철, 김태곤 역. 서울: 생명의 말씀사, 2012. Print.

Eliade, Mircea. *The Sacred and The Profane*. Trans. William R. Trask. New York and London: Harcourt, Brace& World, 1959. Print.

_____. 『이미지와 상징』. 이재실 역. 서울: 까치, 1998. Print.

[_____. *Images et Symboles*. Trans. Lee Jae-Shil. Seoul: Kachi, 1998. Print.]

_____. 『종교형태론』. 이은봉 역. 서울: 한길사, 1996. Print.

[_____. *Patterns in Comparative Religion*. Trans. Lee Eun-Bong. Seoul: Hangil, 1996. Print.]

Fanning, William Henry Windsor. "Vicar of Christ." *Catholic Encyclopedia*. New York: Robert Appleton, 1913. Print.

Green, Arthur. "The Zaddiq as Axis Mundi in Later Judaism." *Journal of the American Academy of Religion*. 45.3 (1977): 327-347. Print.

현길언. 「인류 구원의 플롯으로서의 분리와 통합」. 『문학과 종교』. 6.2(2001): 69-90. Print.

[Hyun, Kil-Un. "Separation and Integration as the theme for the salvation of

humanity." *Literature and Religion*. 6.2 (2001): 69-90. Print.]
임창건. 『그 날을 잡아라』에 내재된 레위기의 정결의식. 『문학과 종교』 10.1(2005): 149-170. Print.
[Im, Chang-Geon. "The Purification Ritual of Leviticus in Saul Bellow's *Seize the Day*." *Literature and Religion*. 10.1 (2005): 149-170. Print.]
Irenius of Lyons. *Saint Irenaeus of Lyons: Against Heresies*. Edit. Alexander Roberts. Ex Fontibus, 2010. Print.
Luther, Martin. *A Commentary on St. Paul's Epistle to the Galatians by Martin Luther*. Trans. Philip S. Watson. London: James Clarke, 1956. Print.
_____. *To the Christian Nobility of the German Nation, in Three Treatises*. Trans. Charles M. Jacobs. Philadelphia: Fortress, 1970. Print.
Otto, Rudolf. *The Idea of the Holy*. Trans. Hohn W. Harvey. London: Oxford Univ. P, 1923. Print.
Rogers, Mark. "A Dangerous Idea? Martin Luther, E.Y Mullins, And The Priesthood of All Believers." *Westminster Theological Journal*. 72.1(2010):120-134. Print.
Steinmetz, David C. "Luther and the Ascent of Jacob's Ladder." *Church History*, 55 (Jun, 1986): 179-192. Print.
Stephenson, Rufus Town. "The Jacob's Ladder in Homer." *The Classical Journal*. 30.9 (Jun. 1935): 515-530. Print.
서명수. 「야곱 이야기의 구조와 주제」. 『문학과 종교』. 10.1(2005): 63-78. Print.
[Suh, Myung-Soo. "The Structure and Theme of the Jacob Cycle." *Literature and Religion*. 10.1(2005): 63-78. Print.]

국문요약

본 논문의 목적은 창세기에 등장하는 야곱의 사다리에 숨겨져 있는 메시지를 신화적 상징과 신학적 담론의 관점에서 분석하여, 동일한 사건이 신화, 종교, 교리의 문맥에 따라 다양한 의미로 수용되고 발전하는 과정을 추적하는 것이다. 창세기에 등장하는 야곱의 사다리를 신화적 상징과 신학적 담론이라는 두 관점에서 접근할 수 있는 근거는 이 일화가 신화적 상징과 신학적 의미를 동시에 포함하고 있기 때문이다. 유대교도나 기독교인이 아닌 사람의 시각에서 야곱의 사다리는 그리스 로마 신화를 포함한 다양한 신화에서 발견되는 보편적 상징체계로 해석될 수 있다. 하지만 구약성경을 자신의 종교경전으로 간주하는 유대인이나 기독교인의 관점에서 보면, 야곱의 사다리는 야훼 하나님과 신도 사이의 관계를 설명하는 보다 구체적이며 제한된 신학적 담론 안에서 논의될 수 있다. 야곱의 사다리는 다시 유대교와 기독교의 신학적 담론 안에서 각기 다른 의미로 해석될 뿐 만 아니라, 동일한 기독교 안에서도 가톨릭과 개신교에서 각기 다른 신학적 담론을 형성한다. 본 논문은 이 같은 목적을 위해 네 부분으로 구성되었다. 신화의 영역은 주로 엘리아데의 "우주의 축"의 개념에 따라, 유대교, 가톨릭, 개신교의 영역은 각기 성전, 교황, 만인제사장의 신학적 담론 안에서 "야곱의 사다리"를 분석한다.

주제어: 야곱의 사다리, 우주의 축, 신화적 상징, 신학적 담론, 성전, 교황, 만인사제주의

Abstract

Jacob's Ladder as Mythic Symbol and Theological Discourse

The purpose of this paper is to analyze Jacob's ladder in Genesis 28:12 according to Eliade's concept of "Axis Mundi" and Judeo-Christian theological discourses so that its implied meanings might be revealed in the synchronic context. In contrast to the myth whose archaic symbols can transcend history and locality, theological discourse provides Jacob's ladder with a particular frame of reference in a given religious community. While Jacob's ladder can be interpreted as a universal symbol of Axis Mundi, its theological implication varies according to the theological discourses of different religious groups who accept Genesis as their holy scripture. Judaism associates Jacob's ladder with the holy place of the temple, but Christianity explains its meaning in relation to the person of Jesus, who connects heaven and earth. Even in the same Christianity, there are different understandings of its implication in the Catholic Church and Reformed Church. The former claims there is a correspondence between Jacob's ladder and the Papacy, while the latter regards every believer as Jacob's ladder on the basis of Luther's universal priesthood.

Key Words: Jacob's ladder, Axis Mundi, Mythic Symbol, Theological Discourse, Temple, Pope, Universal Priesthood

찾아보기

ㅂ

ㅅ

ㅈ

ㅎ

임창건

현재 동의대학교 영어영문학과 교수
문학박사(영문학)
프린스턴대학교 종교연구소 객원 연구원
프린스턴신학대학 객원 교수

논문
토마스 쿤의 〈과학혁명의 구조〉와
바울의 해석학적 패러다임 외

신화와 종교

궁극적 질문과 미완의 답변

초판 발행 _ 2017년 2월 28일

저　　자 • 임 창 건
발 행 인 • 정 현 걸
발　　행 • 신 아 사
인　　쇄 • 토탈프로세스
주　　소 • 서울시 은평구 통일로 59길 4(2F)
전　　화 • 02)382-6411 · 팩스 02)382-6401
홈페이지 • www.shinasa.co.kr
E-MAIL • shinasa@daum.net
출판등록 • 1956년 1월 5일 (제9-52호)

ISBN 978-89-8396-975-0(93210)

정가 13,000원

프라임 동의 인문교양 총서

이 저서는 교육부의 산업연계교육활성화선도대학(PRIME)사업 사업비를 지원받아 집필한 저서임